和创造世界名牌的人
『 一起放飞梦想 』

◇ 开启手机时代的摩托罗拉

kaiqi shoujishidai de motuoluola

◇ 梁换林 ◆编著

吉林出版集团有限责任公司

图书在版编目（CIP）数据

开启手机时代的摩托罗拉/梁换林编著.－－长春:吉林出版集团有限责任公司，2014.8

（和创造世界名牌的人一起放飞梦想）

ISBN 978-7-5534-4072-9

Ⅰ.①开…Ⅱ.①梁…Ⅲ.①高尔文，P.（1895～1959）－生平事迹－青少年读物Ⅳ.①K837.125.38-49

中国版本图书馆CIP数据核字（2014）第160182号

开启手机时代的摩托罗拉
KAIQI SHOUJI SHIDAI DE MOTUOLUOLA

编　　著：梁换林
项目负责：陈　曲
责任编辑：金　昊　王傲然
出　　版：吉林出版集团股份有限公司
发　　行：吉林出版集团社科图书有限公司
电　　话：0431-81629727
印　　刷：北京一鑫印务有限责任公司
开　　本：710mm×960mm 1/16
字　　数：100千字
印　　张：12
版　　次：2014年9月第1版
印　　次：2019年7月第2次印刷
书　　号：ISBN 978-7-5534-4072-9
定　　价：23.80元

如发现印装质量问题，影响阅读，请与出版方联系调换。0431-81629727

序 言
PREFACE

梦想与生命共存　传奇与我们同在

当你拥有这套《和创造世界名牌的人一起放飞梦想》系列丛书并真正读懂它的时候，祝贺你，你已经向成功又迈进了一大步，并可以为自己的人生勾画一张蓝图了。

开卷有益，我们不是猎奇，不是对世界名人和超级品牌的奇闻轶事简单地一声惊叹，而且通过阅读，让我们的视野变得更加开阔，让我们能够更好地认识这个世界，并找到适合自己的成功之路。

这是一套全方位满足你阅读愿望的好书，文字鲜活，引人入胜。这里有商界巨鳄的传奇创业故事，也有他们普通如你我的日常生活，当你随着一行行文字重走他们的人生之路时，你的心一定会在波澜起伏中感到一种快意。或许他们的成功不能复制，但是他们的坚忍、执着、宽容——这些成功的要素，我们可以复制。

通过阅读名人的成长故事，重温名人的创业之路，我们会发现，健全的人格、自由的意志、高远的理想、敢于实践的勇气、高瞻远瞩的见地、坚毅勇敢的性格、理性处世的原则、独立思考的习惯、幽默风趣的表达方式……一个人成功的诸多要素都以具体而形象的方式展现在你的面前。

每个人都有自己的生活轨迹，然而成功之路殊途同归，这一路上你的行囊里必须要装入梦想、希望、宽容和坚忍。

请给自己一个梦想吧！梦想是成功的种子，梦想是希望的支点。从这套书中你会发现，每一个了不起的品牌里都承载了品牌创始人那激越的梦想。是梦想，让他们充满激情，斗志昂扬；是梦想，在困境中带给他们希望，让他们有了坚持下去的勇气；是梦想，激励他们不断向前进！

为梦想不懈地努力吧！从这套书中你会明白，任何人的成功都不会一帆风顺，在鲜花和掌声的背后，有太多不为人知的痛苦。那些创业中的失败、徘徊和挫折，对我们来说更具有启迪的价值。真正的勇敢者，并不是无所畏惧，而是在面对挫折的时候，能及时调整自己，正视艰难困苦，不放弃希望。所谓成功，不过是努力的另一个名字罢了。

伟大的戏剧家莎士比亚曾说："一个最困苦、最卑贱、最为命运所屈辱的人，只要还抱有希望，便无所怨惧。"

生命只有一次，让我们在阅读中汲取无穷的力量吧！《和创造世界名牌的人一起放飞梦想》系列丛书会带你走进一个传奇世界，仔细阅读并把你的梦想付诸实践，你也许会成为下一个传奇。

带上我们的梦想启程，为我们璀璨夺目的人生而奋斗！

目 录
Content

Motorola

第一章　**保罗·高尔文和他的摩托罗拉**

MOTOROLA

Motorola

第一节　保罗·高尔文

只要我们坚持工作，一切都会顺顺当当的。

——保罗·高尔文

20世纪中后期，摩托罗拉（MOTOROLA）引领着世界移动通讯设备的发展潮流。从发明汽车收音机到无线电对讲机、全球第一款商用手机、第一款GSM数字手机，从第一款双向式寻呼机、第一款智能手机、全球第一个无线路由器到世界著名的铱星计划，都与摩托罗拉的发展紧密相连。创造这一世界品牌的领导者却是一位来自美国小镇的普通青年保罗·高尔文。他白手起家，几经挫折，但不屈不挠、勇敢向前，终于凭借勤劳与智慧、热情与公正赢得了美国人民和全世界人民的认可与支持。

保罗·高尔文于1895年6月29日出生在美国，于1959年11月5日逝世。在短短64年的时间里，他创造了令世人瞩目的无线通讯产品，创建了影响世界半个世纪的通讯企业。

保罗·高尔文和他仅有的5位同事于1928年在芝加哥的一处仓库楼内，创办了高尔文制造公司（1947年更名为"摩托罗拉公司"）。37年后公司员工增加到近5万人，年销售额达到5.17亿美元。到1990年为止，摩托罗拉在世界各地的办事机构中的所有员工总计达到10万人，销售额为100亿美元。

保罗·高尔文最初创办了这个小公司，在它发展壮大的过程中保罗起到了至关重要的作用。但是，他从来不像所谓的"大亨"那样得意扬扬。他不仅是一个理想家，他还是一个追求创新的实干家。他不是一个工程师，而是一个出色的推销员；他不只是一个发明家，还是一个以大众需求为行动依据的"建设者"。保罗·高尔文中等身材，体格并不特别强壮，但给人以精力充沛的印象。他谈吐幽默，善于辞令，被称为"群众诗人"。有一次说起一位曾引起众人不快的高级雇员时，保罗说："他坐在那边，谛听着自己动脉的硬化。"

保罗·高尔文是一个有宗教信仰的人。他始终保持着强烈的信念，那就是，只要我们坚持工作，一切都会顺顺当当的。他不拘小节，时常会使用一些粗陋的语言，但这纯粹是他的语言习惯，他认为这些词语可以适当地表达他的感情。当他和下属通电话时，他洪亮的声音几乎要穿透电话听筒。他的嗓音和他巧妙的手势都显示着他精力旺盛。尽管他重视工作，但也常抽空和一些年长的雇员安静地坐在一起，探问一下他们家里人的情况或个人问题。他对于人和事都有一些精明的见解，有时他又非常固执甚至十分迟钝。可是只要有人敢于争辩，说清事实，他也能坦率地承认自己的错误。他的部下以及竞争对手们形容他时，往往都提到一个词"公正"。保罗·高尔文一生公正，并始终以一种非凡的风度坚持正义。

当保罗·高尔文决定任命儿子鲍勃担任摩托罗拉公司总经理一职时，他向包括工厂领班在内的所有人宣布了这次任命。

最后他说了这样的结束语："在公司里我还是头号管理者。如果谁对这点有疑问，可以在下班后到停车场去找我，我可以从你们之中随便挑选两人来实践，以证明我的任命是正确的。"

保罗·高尔文从来不指挥他得力的工厂领班，而是放手让他们去干。当然，他们总是会让保罗满意。他们之间相互尊敬，以诚相待。凡是与保罗共事过的人，都会经常记起他，记起他的争论、他的抱怨、他的批评和鼓励、他的劝告和安慰。

保罗·高尔文白手起家，艰辛地创办摩托罗拉公司，使它由小到大，逐渐发展成为世界各国企业引以为榜样的大公司。

第二节　摩托罗拉的辉煌成就

摩托罗拉犹如一双羽翼，让你自由飞翔。

——保罗·高尔文

摩托罗拉曾推动了电子行业的进步，它是全球通讯行业的领导者，是美国最大的电子公司之一。摩托罗拉公司成立于1928年，总部位于美国芝加哥。2006年摩托罗拉的销售额达到428亿美元，是世界财富百强企业之一。

从19世纪40年代移动寻呼设备开始出现到20世纪前10年，摩托罗拉一直是多数高端人士的"掌中宠物"。在这将近70年的时间里，从重达500克的蜂窝移动电话到传呼机，再到各种

型号的移动电话，摩托罗拉几乎占据着全世界无线和宽带通讯领域的领导地位。20世纪末，摩托罗拉与诺基亚、爱立信并称为"世界通信三巨头"。

1936年，高尔文制造公司的研发团队，发明了让巡逻车能够收听警方电台的车载广播。在当时他们推出的这款"大块头"单向警察巡逻车用的无线接收机，只能收听由警察设定的特殊频率的广播。

1940年，摩托罗拉公司的工程师又研发推出了手提式调频（AM）无线对讲机"SCR-536"，这款军用对讲机在二战时成为前沿阵地的标志。1941年，高尔文制造公司又推出了首个商用车载对讲系统，美国费城是最早使用这一系统的城市。

1943年，高尔文制造公司股票上市，单股发行价为8.5美元。同年，高尔文制造公司设计出了全球首个背负式调频步话机SCR-300，这款步话机重35英镑（约16公斤），通话范围约10—20英里（16—32公里），是供给美国陆军通信兵使用的。这一新技术的使用使当时的美军通信装备科技水平高出了其他国家一大截。在随后的很长一段时间内，高尔文制造公司的"摩托罗拉"无线电产品一直都为美国军方提供服务。

1947年，高尔文制造公司正式更名为摩托罗拉公司。同年，摩托罗拉第一台"Golden View"电视机面世后大受欢迎，它是美国国内第一台售价低于200美元的电视机，当年的销量超过了10万台。

1955年，摩托罗拉推出了车载收音机用锗晶体管，这是全球第一个进入商用的大功率晶体管，同时也是摩托罗拉首个大批量生产的半导体产品。同年6月，摩托罗拉推出了新的品牌标志，是一个字母M组成的标志。公司高层称，标志中两个三角形高耸的顶端代表了摩托罗拉领先进取的企业文化。

1958年，摩托罗拉推出了全球首台电源和接收器全部使用晶体管制造的双向车载对讲机Motrac，由于耗电少，这款对讲机即使在汽车没有发动的情况下也一样可以工作。

1963年，摩托罗拉与National Video Corporation合资推出了全球首台真正意义的长方形彩色显像管电视，并迅速成为行业标准。在此之前所有市面上的电视荧幕都是圆形的。

1969年7月20日人类第一次登月任务由美国的阿波罗11号（Apollo 11）完成，阿波罗11号历时8天13小时18分35秒，绕行月球30周，在月表停留21小时36分20秒。阿波罗11号飞船安装了摩托罗拉的无线通讯系统，用于传递地球与月球间的语音通讯和电视信号。美国在月球上的漫游车使用摩托罗拉调频无线接收机，在相距38.6万千米的月球与地球之间进行语音联络。这种接收机的灵敏度比普通汽车收音机高100倍，却只有0.681千克的重量。机长阿姆斯特朗在月球上的第一句话就是通过它传回地球的。

1973年，摩托罗拉向公众展示了DynaTAC移动电话系统的设计原型。

1983年，美国联邦通讯委员会批准摩托罗拉生产全球首部商用手机。摩托罗拉在随后的十几年里成为全球最大的移动电话厂生产商。其实早在1942年，摩托罗拉就已研制出"手持式"的对讲机（Handy Talkie）SCR-536，只是这款对讲机专为美国军方研制，供军方人士使用。

1984年，一款28盎司（约合794克）重的摩托罗拉手机进入了消费市场。这款被称为"大哥大"的手机一经推出迅速引领起了一阵风潮。由于"大哥大"身躯庞大，而且价格非昂贵，再加上使用它的人多是商界大哥级的人物，"物"随主贵，很快摩托罗拉"大哥大"成为身份地位的象征。

在20世纪五六十年代，迫于与日系厂商之间的竞争压力，摩托罗拉不得不放弃汽车音响以及电视机业务，而它曾一度引领这两个领域的技术变革。二战结束之后，摩托罗拉的知名度显著提高，人们只要一说起无线通信首先就会想到摩托罗拉。直到20世纪90年代，摩托罗拉几乎还一直垄断着无线通信市场。

1995年，摩托罗拉推出了全球首台双向寻呼机Tango，用户可以用它接收短文本信息和邮件，并且使用统一格式回复，同时也可与计算机连接，下载更长的信息。

20世纪80年代末，摩托罗拉产品进入中国市场。1992年6月，摩托罗拉落户天津经济技术开发区，此后，它以惊人的速度在全国发展。据初步统计，1998年，中国老百姓使用的寻呼机中，每10台里就有8台是摩托罗拉生产的，手机每3部里就有1部是摩托罗拉本部生产的。在无线和宽带通讯领域的科技创新能力以及毋庸置疑的领导地位，让摩托罗拉在中国成了家喻户晓的著名品牌。摩托罗拉成为寻呼机时代的霸主，几乎没有哪个品牌的产品能够与之抗衡。为了适应市场的要求，摩托罗拉更是推出了时尚型、袖珍型等各种型号的寻呼机。与

和创造世界名牌的人

一起放飞梦想

Let the dream fly

此同时，摩托罗拉获得的品牌效应和资金积累，也为摩托罗拉"大哥大"风靡全球打下了良好的基础。"大哥大"在中国的风行，还要归功于当时的港产电影。在那个时代的香港电影里，只要是有些身份的人都会有个专门负责拿"大哥大"的跟班，"大哥大"伴随着这种娱乐文化一时间传遍全国。

1991年，摩托罗拉在德国汉诺威展示了全球首个使用GSM标准的运用数字蜂窝系统的电话，它就是移动电话的雏型。1995年，摩托罗拉推出了iDEN数字对讲机，是世界第一个集数据传输、传呼和蜂窝式移动通信的商用数字对讲系统。

90年代中后期，人们逐渐意识到"大哥大"携带起来太不方便，而且手机造型又都是千篇一律的"砖头"。1996年，摩托罗拉恰逢其时地推出了一款身形小巧的手机，而且再次创造了世界上的第一——第一部翻盖手机Star Tac 328。它是当时世界上最小最轻的手机和唯一可以随身携带的手机，只有88克重。它独一无二的翻盖设计、轻巧便携的机身在当时绝对算得上是科技精品。

1999年，摩托罗拉又推出了"iDENi 1000plus"手机，这是全球首台整合了数字电话、双向通话、字母数字混排寻呼机、微型浏览器、电子邮件、传真和双向短信功能的手机。

2000年6月，摩托罗拉和思科在英国为移动通信运营商BT Cellnet建设了全球首个商用GPRS网络，这一系统采用了全球首部GPRS手机"Motorola Timeport P7389i"。

在20世纪90年代末，手机制式正值由模拟制式向数字制式更替的关键时期，摩托罗拉的转变速度和产品未能跟上市场的变化，因此其"老大"的位置一步步被诺基亚蚕食。

21世纪初，经过一段时期的酝酿，摩托罗拉公司推出了第一款采用Linux系统和Java技术的手机"摩托罗拉A760"。这部手机拥有数码相机、MP3音乐、多媒体电影播放、6.5万色TFT触摸屏以及蓝牙、JAVA、智能语音识别及合成等众多高端功能，并带有优秀稳定的Linux操作系统。

随后摩托罗拉公司又发布了RAZR V3手机。RAZR V3的发布，使摩托罗拉2004年第四季度的销量比2003年第四季度的销量高出了42个百分点；而到了2005年第二季度，RAZR V3的销量达到了600万部；截至2005年底，RAZR V3的销量累积达到了1200万部；2006年7月，整个RAZR V3系列的销量达到了空前的5000万部。无论是各种颜色、限量版的V3，还是V3i、V3x、V3m，RAZR V3系列手机都已成为全世界最为畅销的手机。

虽然如此强大的软硬件组合机型不断问世，让摩托罗拉创造了一个又一个销售新高，但它并没有改变当时摩托罗拉所面临的尴尬处境。2012年，谷歌公司以每股40美元、总额约125亿美元的价格收购了摩托罗拉公司。

Motorola

第二章　爱做榜样的童年

MOTOROLA

Motorola

第一节 勤劳正直的家族

> 人的生命似洪水奔流，不遇着岛屿和暗礁，难以激起美丽的浪花。
>
> ——奥斯特洛夫斯基

1895年6月29日，保罗·高尔文出生于美国伊利诺伊州中西部的一个名叫哈佛的小镇上。那里居住着健壮的爱尔兰人。保罗是他们的后代，遗传了他们热情勇敢、勤劳公正的优良品质。

哈佛镇大约建立于19世纪中叶，小镇四周的乡村有一些分散的小道和一望无际的大草原。哈佛镇位于麦克亨利郡的北端，距威斯康星州的边界大约5英里。美国的南北战争和征伐印第安人的战争停息之后，一些移民和他们的子孙就在这里定居。

在19世纪初，哈佛镇与美国许多小镇一样，到处是一些粗糙和丑陋的房屋，还有在春天泥泞不堪、冬天到处是被车轮轧成冰沟的马路。

这里没有新英格兰那些大的统治家族，也没有起领导作用的亚当斯家族、洛厄尔家族和霍姆斯家族，这里只有一些依靠土地资源谋生的商贩、猎户、赌徒和投机分子，以及那些甘心过动荡生活的流浪者和农民。

他们在这里安家，用木料搭建住房，开垦土地。发展快的一些村庄慢慢变成了一个小乡镇。小镇的人们乐于坦率地交往，这种好习惯有助于邻居和朋友之间互相深入了解，沟通思想。

正是这样的小镇，塑造并培育了许多美国人坚定、有毅力、顽强不屈的性格特点。保罗·高尔文毕生的观念都透露着他曾生活过的小镇的传统——时刻保持直率而严肃。而他个人的友善又带有某种谨慎与机智，有时略显温柔。他非常重视人的忠诚度，他对人有精明的分析，他拥有强烈的道德观念，这一切都反映着小镇那富有的人文底蕴。

保罗·高尔文的外祖父是一个地地道道的农民，叫威廉·布里克利，他和妻子玛丽·安结婚之后就不再务农，迁居到哈佛镇，成了芝加哥西北铁路上的一名信号员。他工作严谨认真，从没有出现过差错，深受单位同事的欢迎，就这样一直工作到去世。

保罗·高尔文的外祖母玛丽·安是一个说话温柔、毫不自私的妇女。她从不动怒，更不高声叫骂，也从不打人，经常用她那温柔的手来拥抱和抚慰孩子们。她有四个孩子，最小的就是保罗·高尔文的母亲——爱丽斯·布里克利。

保罗·高尔文的祖父也是一个辛勤耕作的农民，在年轻的时候就去世了，留下了妻子和九个孩子。保罗·高尔文的祖母是一个非常高雅、仪态端庄的女族长。约翰·高尔文是他们九个孩子中的一个，他就是保罗·高尔文的父亲。1894年，约翰·高尔文和爱丽斯·布里克利走到了一起，就在他们结婚的第二年，保罗·高尔文诞生了。

约翰·高尔文和爱丽斯·布里克利共生养了五个孩子，保罗·高尔文还有三个弟弟和一个妹妹，分别是雷蒙德·高尔文、约瑟夫·高尔文、菲利普·高尔文和海伦·高尔文。菲利普·高尔文从小身体不太健康，二十多岁时去世了。约瑟夫·高尔文是保罗·高尔文成就辉煌业绩的得力且可靠的助手。

约翰·高尔文是一个魁梧而结实的男人，平时喜欢戴一种时髦的圆顶礼帽，可以压住他那厚实而卷曲的黑发。他曾经从事过耕作，但后来感觉农事既辛苦又乏味，于是，他离开了农耕的村庄，带着全家来到了哈佛镇。

为了养家糊口，约翰·高尔文在小镇上开设了一间酒吧。约翰·高尔文工作勤奋，性格和善，而且是非分明，还很睿智，他也以此教育子女。他那间酒吧里的顾客大多是同镇的老乡，也有来这里做买卖的农民。小镇上的人们都很尊敬约翰·高尔文。

热情友好的约翰·高尔文平时善于同人交往，和那些性格豪爽的人相处得非常愉快，但他也有威武有力的一面。有一次，一个无赖来到酒吧闹事，约翰·高尔文对他好言相劝，可是，这个无赖不但不听，反而大吵大嚷，吓坏了屋内的客人们。无奈之下，约翰·高尔文只用一只手抓住无赖的衣襟摔向门外，无赖摔倒在院子里后，起身拍拍衣服上的灰，一溜烟儿地跑了，以后再也没有到酒吧闹过事。

那时候的保罗·高尔文年纪还小，见到此景，便觉得爸爸真是个了不起的人。这件事也在他幼小的心灵里，种下了正直的种子。

第二节　民主和乐的家庭

> 上帝给了我斗争的力量，我将用这力量来完成最艰巨的任务。
>
> ——保罗·高尔文

爱丽斯·布里克利是位贤妻良母，是他们家庭的中心。她是个可爱的妇女，既端庄又有风度。孩子们对她的爱和丈夫的忠诚，令她备感欣慰。

爱丽斯·布里克利尽心爱护丈夫，在许多事情上让丈夫去当家做主，但是当影响家庭安全的因素出现时，她敢于挺身而出。约翰·高尔文容易冲动，他们在哈佛镇最初的几年，他依然一心想再次搬到边远地区去开设商店或耕作。爱丽斯·布里克利深知耕作生涯的困苦，她不希望再让孩子们离开哈佛镇。因此她反对丈夫的意见，长子保罗站在她这一边。

约翰·高尔文也经历过些苦难，他理解妻子的坚持，最终让步了。在他们的生活中发生的矛盾极少。五个孩子都在民主和乐的气氛中成长，大多时间他们一家都是欢欢喜喜的。

保罗·高尔文后来回忆时说过："在小镇生活的那些日子，母亲始终同孩子们特别亲近。男人们整天工作，回家吃过晚饭后，又去镇上的烟铺或报摊，同朋友和到镇上来的农民凑在一起，一直谈天说地到晚上十点钟。妇女们则照例在家里处理炊事。当事情都办完之后，她也许在摇椅上躺一躺，也许去邻居家坐坐。到了冬天，父亲就不外出了，他会看看报，或者读点书。母亲就哄孩子们上床，如果孩子们受了寒须服用一些鹅油，母亲就照料这些事情。"

1877年，爱迪生发明了誉满全球的留声机。之后，美国人以拥有留声机作为家庭富裕的象征，并以此为傲。不过，即便如此，20多年后，哈佛镇上仍没有一个家庭拥有留声机。

当看到客人们在酒吧里谈论留声机并流露出惊异的眼神时，保罗·高尔文就特别好奇。出于孩子对未知事物的渴求，他特别想看到传说中神奇的留声机。

保罗·高尔文的父亲也被客人们口中热议的留声机所吸引，于是，他打听好留声机的价格后，便坐火车去了大城市，买回了一个留声机。保罗·高尔文的父亲对于新事物的追求，让保罗·高尔文与同龄孩子相比，眼界更开阔。

当看到爸爸把留声机放在酒吧间的时候，保罗·高尔文乐坏了。他每天睁开眼睛就在留声机旁仔细地端详着，认真琢磨这个神奇的机器。从此，保罗对那些能够给人类文明带来变化的科学技术产生了强烈的渴望与好奇，小小的心灵也在用自己的力量感受和探索着新鲜事物。

那时候的留声机，由一个大牵牛花状的扩音器和一个不断

旋转的圆盘以及控制音乐开关的支架构成。当把支架一端的针放到圆盘唱片上，扩音器就能发出声音。小保罗心想，这可真是神奇！

保罗琢磨好几天也没解开留声机的奥秘，他就向来酒吧里喝酒的有学问的师傅请教。原来，在留声机黑色的唱盘上有一条波浪起伏的沟槽，当唱针沿着沟槽相对移动时，针尖也会随着沟槽波动轻微地振动从而产生声波。这种振动通过一个机械装置传送到振动膜上，然后通过牵牛花状的扩音器将声音放大传播到空气中。

在保罗·高尔文的家里，还有一架唱诗时配乐用的钢琴，琴上装有一种带洞的纸筒，拼接起来，就可以随着音乐"唱歌"。

此外，在保罗·高尔文的家里还有一种带幻灯片的灯，可以照在厨房里挂着的被单上。夏天的夜晚，各家的孩子们就聚集到户外买冰棍吃，有的时候他们还举行演奏会。他们还会在一起玩"追呀追""踢洋铁罐""砰砰拉走"等孩子们都喜欢玩的游戏。保罗·高尔文总是充当着游戏的组织者和领导者，带着镇上的小伙伴们一起愉快地玩耍，邻居小朋友和兄弟姐妹们都很喜欢保罗，因为他总是有很多好的点子。

第三节　勇敢机智的孩子王

始终保持创业热情是成功的前提。

——保罗·高尔文

少年时期的保罗·高尔文就是一个特别有正义感的孩子，总爱打抱不平。有一次，一群孩子一起玩，突然一个名叫罗杰的小朋友踢了盖尔，盖尔就跑回家把被踢的事告诉给他的父亲。当时保罗·高尔文和其他孩子坐在路边玩，盖尔的父亲气冲冲地走过来，二话没说，一把揪住罗杰就是一顿拳打脚踢。

看到盖尔父亲的举动，保罗和其他孩子都很生气。他们把盖尔的父亲团团围住，并请来周围的大人们帮忙评理，最后，有人建议交由法院裁决。于是，保罗请来了哈佛镇上最有名的律师为小罗杰申诉。

法院把开庭审判日期定在一年一度的镇内商品交易会当天。商品交易会是小镇人们最看重的日子之一，可是，孩子们都放弃了参加交易会的想法，坚持参加审讯。

最后，盖尔的父亲被判有罪，罚款2美元并支付开庭费用3.75美元。可是，让保罗·高尔文和孩子们没想到的是，虽然他们赢得了这场官司，但是，他们需要付给律师律师费10美

元。这让保罗·高尔文非常疑惑，有一种被律师事务所给愚弄了的感觉。

所以，在以后的生活与商业活动中，每当遇到纠纷时，保罗·高尔文的第一个反应就是先通过协商解决，实在协商不了再诉诸法律。而这也是保罗取得成功的原因之一，此后他很少再上法庭打官司。

在家里保罗排行老大。他总是严格要求自己，给弟弟妹妹们树立一个榜样，有的时候他看起来不像是个孩子，倒像个小大人。

他还从他的思想开拓者——祖母那儿汲取了敢于面对困难和危险的勇气；他也从他那当信号员的外祖父身上，学到了穿越北美大陆的坚忍性格，以及一个民族积极向上、不满足于现状的精神。这些家族的传统和观念，直接影响到了保罗·高尔文日后从事商业活动的处事思维。

Motorola

第三章　　**自强独立的求学时期**

MOTOROLA

Motorola

第一节　爆米花生意兴隆

一定要认清形势。如果你避免不了失败，那就赶紧收场，去进行另一种工作。

——保罗·高尔文

保罗·高尔文小的时候非常勤劳，不仅帮爸爸妈妈做家务活儿，还主动在外面打工。当时，由于烟叶上的梗不能制烟丝，所以烟厂需要工人手工把梗去掉，11岁的保罗·高尔文就在镇里的一家小烟厂，找到了一份剥烟梗的工作。

假期里，他就到烟厂把烟梗从巨大的烟叶上剥下来，每天从早上7点，一直忙到晚上6点。一天下来，他的两只小手满是黑黑的烟油，用肥皂都很难洗掉。尽管这份工作需要他每周工作6天，而且他只能拿到2美元的周薪。但当小保罗拿到工资时，心里却格外地高兴。

保罗拿出工资的一小部分给家里的每一个人都买了一张披萨饼，剩下的都交给了妈妈，作为家里的生活费。第二年夏天一放暑假，他又来到烟厂忙碌了一个假期。烟厂的工作不是每个小孩子都能坚持下来的，但想到自己的辛苦能赚来些许生活费用，保罗一有时间便毫不犹豫地去工作。平日里，小保罗更是想尽各种办法为父母分忧解难。

开启手机时代的摩托罗拉

上小学时，保罗·高尔文遇到了他最喜欢的老师——韦伯斯特夫人。这位老师不仅富有爱心、能力强，还懂得因材施教，对不同的孩子有不同的教育方法。韦伯斯特夫人鼓励孩子们的奇思妙想，当看到孩子们在学校开心快乐地学习和生活时，她就特别开心。

韦伯斯特夫人也喜欢保罗·高尔文，她发现小保罗有经商的才能，便经常鼓励他多花些心思在他感兴趣的商业上。正是韦伯斯特夫人的鼓励，激发了保罗·高尔文经商的热情。成年后，他便四处寻找从商的机会。

当时，哈佛镇是个铁路枢纽，路过的火车会在这儿停下来补充燃料，这大约需要10分钟左右的时间。保罗·高尔文发现，一些比他大一点儿的孩子会利用这段时间上车去向乘客贩卖爆米花。这些卖爆米花的孩子们，已经建立了"商业联盟"，这个联盟之外的人想要做爆米花的生意，必须要经过他们的许可。

这也许就是最早在孩子中间出现的商业垄断，但是，保罗也想做爆米花生意，也想在这里分一杯羹，他该如何进入这个"商业联盟"呢？

首先保罗到卖爆米花的人家里去看制作过程，然后回家也照着做。由于爆米花很轻，他就用柳条篮子装着爆米花去卖，每个篮子能放20袋左右的爆米花。但是，最早卖爆米花的那一批孩子，不允许别人抢他们的生意，他们坚决反对保罗进入爆米花市场。

有的时候，保罗在车窗下正叫卖着，那些孩子就过来喊着推搡着把他的篮子踢翻了，十几袋爆米花都撒在了地上。被踢翻的不仅是保罗的爆米花篮子，还有其他孩子的篮子。有时被欺负的孩子会找来大孩子帮忙，他们经常会因此打起来。火车站"爆米花市场"的"商业战争"就这样爆发了，这也是保罗第一次体验到市场竞争的残酷和激烈。

当然，这场"战争"的参与者基本上是15岁以下的孩子，而且"战争"也是暂时的。一段时间后，矛盾双方就开始"谈判"，因为这样闹下去，谁也做不好生意。于是，他们开始商议着各占一个固定区域，互不干涉。从这场孩子之间的"商业战争"中，保罗发现了商场里弱肉强食的规则。

"爆米花小贩"之间的战争过去之后，保罗的买卖也稳步发展，他想过许多办法来增加销售量。在夏天，他做了一个爆米花摊床，把摊床用车推到镇上，火车来时他就到火车上卖，火车离开后他还可以在街边卖。到了冬天，他就在家里烧饭的火炉上爆玉米粒，当他从学校回家时，母亲已经把炉火烧得很旺，这就使他一下子能爆出20多袋爆米花，为他节省了很多时间。装好袋子后他就到离家三站远的车站去，铺好摊床等待火车进站。他尽力销售，然后回家吃晚饭，晚饭后再搞一批新货。整个冬天他就做起了这桩买卖，风雪不误。

冬天的哈佛镇经常狂风大作，雪花纷飞，摊床被刮得摇摇晃晃，一些孩子早早就收摊回家了，但保罗还是坚持等到最后一班火车进站后，把爆米花卖完了才回家。

有一次，保罗吃了一筒奶油冰淇淋，觉得特别好吃，他就想能不能在爆米花上也加些奶油呢？他尝试做了点热的奶油爆

米花，到火车上一卖，乘客们都说好吃。于是，他就开始大量做了起来。不过，奶油爆米花如果不能趁热销售出去，就会浪费很多奶油和盐，所以，他就利用车站附近的小棚屋，想方设法使奶油爆米花保持温度。

当火车离开车站时，买卖就暂时结束。其他的时间里，他就把摊床推到街上去卖。爆米花的生意越做越兴隆，保罗·高尔文一个人都忙不过来了，于是，他的两个兄弟雷蒙德和约瑟夫也当起了他的合作伙伴。

由于哈佛镇是一个商业城镇和农民集结中心，共有两个繁华的街段。保罗就在人们聚集的地方设摊，之后又在最热闹的第二街段摆起了摊床，让两个弟弟经营，而他自己就在火车上做买卖。少年时期的保罗·高尔文已经开始在商场上打拼着自己的天下。

由于经常在火车上卖爆米花，有时来不及下车，火车就把他带到了下一站，保罗只好自己走很长一段路再回来。冬天寒风怒吼的时候，保罗和兄弟们仍然照例在课后和晚饭后做爆米花生意，这也让他们挣了不少钱。

1910年的某一天，哈佛镇下起了大雪，火车站外的几英里处，有六七列火车被大雪困住了。由于当时的火车都是蒸汽机火车，车上没有取暖设备，被困的乘客又冷又饿。保罗就和家人赶制了很多三明治和爆米花，装了几大篮子，步行近一公里到火车停留的地方，把这些食物销售给被雪困住的乘客们。

一到车上，饥饿的乘客们都向他们扑过来。在这种情况下，一块三明治完全可以卖到0.25美元，但是他们只卖0.1美元，这使他们在得到丰厚的利润的同时也得到了乘客们的赞扬。那一天睡觉前，保罗和兄弟们兴高采烈地在厨房里的桌子上计算着收益。

冬天过去了，保罗·高尔文带着兄弟们经历了严寒的考验，生意做得风生水起。他们的收入验证了保罗·高尔文初涉商场的成功。

尽管吃了很多苦，可是这对于少年保罗来说，收获却是相当大的，与同龄人相比，他的经历让他更加坚忍、睿智。

转眼间，夏天到了，保罗·高尔文认为爆米花的生意全年都可以做，而冰淇淋却只在夏天畅销。于是，他有了一个新的想法——卖蛋卷冰淇淋。他设计了一种特制的半月形箱子，可以用背带背在肩上，在箱子的中部有一个小空间可放2升的冰淇淋。他在箱子上刻出一些小洞，正好用于堆放一些蛋卷。这样，他又在火车上卖起了清凉可口的蛋卷冰淇淋。

那时候，不仅哈佛镇上的孩子想做火车上的买卖，就连铁路沿线的其他城镇的孩子们，也蜂拥而至做起了火车上的生意。

所以，每当火车来到哈佛站，情况就很糟糕，只有那些先上火车的孩子才能卖出东西，竞争的关键就在于谁先登上火车。这迫使一些孩子不等火车停下来就爬上火车，十分危险。因此，火车站长勒令停止火车上一切交易。实际上，在站长发出通告之前，保罗就已经看出，他们的爆米花生意已经做到尽头了。

在以后的日子里，当某些产品的销售进行不下去时，保罗

就向他的同事们讲述这一故事，他说："一定要认清形势。如果你避免不了失败，那就赶紧收场，去进行另一种工作。"

第二节　勤工俭学的少年

没有知识和能力，谋生肯定会是困难的。

——保罗·高尔文

由于保罗·高尔文不再分心去做爆米花和冰淇淋的生意，所以升入初中以后，他的学习成绩明显提高，并顺利考入高中。

进入高中，兴趣广泛的保罗不仅是学校的足球队队员，他的出色表现还使他晋升为队长，他带领足球队员们认真训练，参加各类比赛。保罗还在课余时间里参加了棒球队和篮球队。后来，他被选为学校体育协会的副会长。

保罗·高尔文也是哈佛中学文学社的组织者之一，并在高中时期投身于戏剧活动。他曾在《正大光明的方雄》一剧中成功扮演了男主角"巴尔博德大爷"——一个富裕的农民。在各项活动中的优秀表现，使保罗获得了全校师生的好评。

哈佛中学1913年出的年刊《回忆者》上刊登着保罗·高尔文的照片，照片下标着保罗的一句座右铭：人的力量是强大的。保罗从未让自己的时间闲置。

在停止爆米花的生意之后，保罗·高尔文和他的"经营团队"并未闲着。保罗在一家服装店里找到一份兼职工作。弟弟约瑟夫·高尔文每星期六下午在一家饲料店里工作，另一个弟弟雷蒙德·高尔文帮一个医生照料他的马、两头牛和一个养鸡场，并且做挤牛奶、喂鸡、饲马等工作。为了让雷蒙德干完那份辛苦的工作，保罗和约瑟夫有时也会帮他一把。

有时，弟弟们也会有一些抱怨，因为以前他们在卖爆米花时是比较轻松的。保罗总是鼓励他们：无论做什么工作都是在积累经验，锻炼自己。

在读完中学的那个夏天，保罗得到了一个工作——在机车修理工厂当文书。文书工作就是没完没了地填写报表、整理档案、接听电话等，他在这里工作了整整一个夏季，并且学会了打字。他这么干并不是因为他喜爱这项工作，而是为了能挣钱，他把挣到的这些钱存起来，以备之后的不时之需。

1913年9月，保罗·高尔文去伊利诺伊州大学读书。临行前，母亲为他精心做了满满一盒子三明治。18岁的他，头脑里充满了梦想与决心，虽然如此，他对哈佛镇以外的世界也有点害怕，因为这是他第一次离开家乡，他感到淡淡的忧伤和迷茫。

和高中相比，大学环境要复杂得多。学校教室里和图书馆里的大批学生对保罗来说都是陌生人，他特别希望早一点熟悉这里的一切，熟悉他的功课，习惯这里的世界，但是学好大学课程并非一件容易的事情，好在他很努力。

在大学里，学习、生活以及各项活动的开销都很大，保罗早先在哈佛镇卖爆米花和冰淇淋积攒的钱，也以惊人的速度花出去了。尽管口袋里的钱越来越少，但保罗决定无论如何也不向家里要钱。保罗尽可能地去找各种兼职工作——他为当地保龄球球场布置场地，负责在球瓶区摆上9个或10个木瓶，摆设形状为钻石形或三角形，打球选手手持用软木或合成橡胶做成的重约16磅的保龄球在球道上抛出，让球击打球瓶以获得比分。在工作的间隙，他还抓紧时间学习。

保罗还为一个大学的洗衣房散发广告。尽管他做了很多份兼职工作，但他的存款还是一直在减少。他到大学女生联谊会主办的餐厅里去当服务员。为了省钱，他经常不吃早餐，有一天他早晨起来后一直没有吃东西，到餐厅工作时看着又热又香的食品，一不小心将手中的餐盘摔碎了，餐厅主管立即把他开除了。

屋漏偏逢连夜雨，那时哈佛镇颁布了禁酒令，保罗的父亲不得不关闭赖以维持生计的酒吧。父亲也一度担任铁路晚间票务的代理人，可是工资太少不足以应付日常生活开销。

为了走出家庭经济的困境，父亲卖了酒吧和新盖的住宅，买了些不值钱的田地，他认为种地可以解决温饱问题。虽然家里的生活贫困些，但是谁都没有怨言。

然而，这个消息传到了远在伊利诺伊州大学读书的保罗·高尔文那里，他下定决心，不仅要为自己的学习费用打拼，还要多赚些钱贴补家用。他在竭尽全力学好各门功课的同时，还不断地在外面找零活儿干，他想用自己挣来的钱维持大学生活的各项花销，不给家里增添任何负担。

另外，他还时时惦记着家里，他觉得自己有责任给家里一些帮助和支持。于是，保罗生活更加俭朴，他的早餐、晚餐都在廉价的饭铺里吃。

在哈佛镇，高尔文的家里经济情况依然十分艰难，保罗得知家人已在1914年感恩节那天搬进了只能用火炉取暖的房子里。他为自己没能帮助家里感到非常愧疚。由于各方面压力，保罗的内心逐渐产生了孤独和忧郁的情感，他很少感到自由和欢乐，这影响了他的功课。

1915年2月，保罗·高尔文在一篇日记里写道："上星期我参加了历史期末考试，今天知道了成绩。感谢上帝，我及格了。可是也很危险，不到最后，天晓得会是什么结果。我曾想回到那个我工作的地方，但是我并不想放弃我曾在学校里学到的知识，要是我没有这些知识和能力，谋生肯定是困难的。我清理了所有衣物，等来年春天回到哈佛镇的家里时，我要告诉家里人，我不再求学了。"

1915年末，保罗·高尔文带着几多不舍，离开了伊利诺伊州大学，回到了他朝思暮想的哈佛镇。

第三节　坚定有为的战士

> 我从没想到我会这样喜爱眼下的工作，它告诉我这行的科学：炮兵和步兵的协同作战是非常重要的，但这只能依靠高科技的通讯手段才能实现。
>
> ——保罗·高尔文

保罗·高尔文离开大学回到哈佛镇后，他知道摆在面前最重要的问题就是多挣些钱以改变家里所面临的经济困境，所以他一直都在努力寻找工作。最终，他在铁路车站里找到了一份文书的工作。文书这份工作，对保罗来说并不陌生，因为他读完中学时就在机车修理工厂当过文书，这份工作他做起来得心应手，也得到了车站领导的好评。

当时国际形式动荡，第一次世界大战处于胶着状态。1914年8月以来，欧洲陷入了这场有史以来规模最大、消耗最多的战争之中。一战初期，美国是坚定的中立主义者。随着德国动用潜水艇攻击过往大西洋的船只、甚至是客船的时候，美国人的反德情绪逐渐高涨。

受这次世界性战争的影响，美国人民也开始躁动不安。保罗·高尔文时时能够感觉到一种紧张气氛，生活似乎不仅仅出现了经济问题，所有一切都变得动荡不安起来。他想了解到更多有关世界局势的信息，他想为争取世界安宁做些贡献。于是他来到芝加哥先找了一份工作，在联邦爱迪生公司做文书。

在联邦爱迪生公司，保罗了解到在芝加哥的谢里登堡，正在进行着一个新军官训练计划（美国是最先实施这类计划的国家之一）。由于有两年的大学学习经历，保罗具备参加军官训练的报考资格，经过了几轮考试后他便顺利投身到训练之中。

在军官训练学校，每天从早晨5点到晚上10点，保罗·高尔文和他的伙伴们只有两小时空闲。训练很艰苦，保罗却顽强地坚持下来了。

军营里戒备森严，紧张训练之余，保罗还惦记着家里的亲人。在弟弟菲利普13岁生日时，他在信里写道："你现在已经是一个男人了，可以依靠自己走接下来的路了。你心胸宽，我确信你会高瞻远瞩地认识到成功不会随随便便到来。请多照顾母亲，还有，请在妹妹面前要像个大哥样。"

1917年，一艘美国轮船被德国击沉，美国总统威尔逊走进国会，宣布向德国宣战。美国的新法律"选征兵役草案"出台，计划征兵50万人，参加对德作战。同年8月，经过严格考核，保罗·高尔文成为一名陆军中尉。没多久，他又被调到了得克萨斯州波维营的一个国民警卫队，保罗·高尔文别提有多高兴了，保罗的工作热情日趋高涨。他觉得"这里的早晨美丽得不可言喻"，他从没想到会这样喜爱眼下的工作。

1918年1月末，保罗接受了为期9周的炮术训练。他把每一次新任务都当作一场新的战斗，他已懂得，一个人活着就得学

第三章　自强独立的求学时期

会战斗。这不是说小时候卖爆米花在街上同邻居孩子打架，而是尽力争取成功的斗争。经过这次艰苦的训练，他感到自己变得更加坚强了。

1918年6月，保罗所在的部队也被派到法国作战。这是他第一次参加战斗，他表现得很英勇。美军帮助法国摆脱了德军的攻击。1918年11月11日，第一次世界大战以停战的方式结束了。1919年春，保罗·高尔文在得克萨斯州鲍伊营脱下了军装，光荣退役。

保罗·高尔文在参加第一次世界大战中增强了对自己和祖国的信任，服役时学到的东西令他刻骨铭心。不论什么时候，保罗都不会忘记把大家团结在一起，以至于他所在的团队即便遭遇危机，也不会分崩离析。

在近三年的军旅生涯里，保罗得到了许多宝贵经验：他认为忠诚高于一切；一个士兵一定要支持他的战友，一个好军官一定照顾好他的战士。经过第一次世界大战的历练，保罗成熟了许多，展望自己将来的生活，保罗心中充满了希望。

Motorola

第四章　创业之初，举步维艰

MOTOROLA

Motorola

第一节　首次捞金失败

> 当你完成了一个任务，又接手第二个任务时，你就进步了。
>
> ——保罗·高尔文

第一次世界大战的硝烟刚刚散尽，美国社会立刻进入了一个日新月异的经济大发展时期。新兴工业正在蓬勃发展，电机取代了蒸汽机，电力驱动装配为工业革命开创了一个新阶段，尤其是汽车工业发展的速度惊人，同时促使了玻璃、橡胶和钢铁等相关产业的迅速腾飞。

20世纪20年代，"汽车"已经成为美国人生活的必需品，也是名誉与财富的标志。一股巨变潮流在全美涌现，哈佛镇也感受到了美国社会发展和变化的风浪，生活在哈佛镇的保罗·高尔文也被深深地触动。当他得知得克萨斯大油田开发的信息后，便主动与石油界人士取得联系。在保罗退役仅仅60天后，他就在得克萨斯州的瓦科城油田得到了一份做装配工的工作。

然而，保罗·高尔文并不满足于只当一个油田装配工。不久后，保罗应聘到了芝加哥一家生产汽车蓄电池的"D&G"蓄电池公司工作。

工作中，劳作永远是漫长而无休止的，但这一切都没有磨灭保罗内心蕴藏的创业激情。在他的意识里，眼下的职务只不过是过渡性的临时工作，他在等待时机……

1920年4月24日，在哈佛镇的圣·约瑟夫教堂里，保罗和他的高中同学丽莲结婚了，并在芝加哥安了家。妻子丽莲很理解保罗的雄心壮志，她也希望自己能够协助爱人实现一直以来的愿望——有自己的事业。

1920年，无线电领域有了一个新的跨越，但是此时还没有家用的无线电，仅有一些无线电业余爱好者会在晚间互相交换信号，或者收听一些消息。

1920年11月22日，匹茨堡KDKA电台正式开始广播。这是一个由西屋电器公司的弗兰克·康拉德博士建立的试验广播站。这个广播电台设在牲口棚里，首次播报了当时总统竞选的结果。这也是历史上第一次有人用电台报道公共事务消息。匹茨堡KDKA电台向公众成功播报消息，是无线电技术发展的一次重要突破。

虽然早期的电台广播内容并不十分讨人喜欢，但是这个新媒介的巨大潜力很快得到了世界各地的重视。随着电台对广播内容的不断改进，以及许多音乐、体育等娱乐节目的增加，电台在公众间的轰动效应越来越强烈。

不久，无线电这一新媒体的巨大潜力很快显现出来，全国到处都开设了电台。购买无线电设备的人也越来越多，与此同时一大批无线电的忠实听众也随之而生。无线电和汽车行业的迅速发展，深深激发了保罗·高尔文的创业激情。

爱德华·斯图尔特，是"斯图尔特完善反射无线电公司"的老板，也是保罗·高尔文在哈佛镇时结识的老朋友，他已经在无线电领域活跃了好几年。1921年初，爱德华·斯图尔特向保罗提议办一个蓄电池厂。保罗仔细考虑后，同意了斯图尔特的提议，于是，保罗带着妻子丽莲从芝加哥迁居到了马什菲尔德。

经过紧张的筹备，1921年7月15日，斯图尔特电池公司在马什菲尔德正式成立，大约有50名工作人员。这个公司拥有两个部门：一个是斯图尔特-高尔文电池公司，为两人合伙建立的制造厂；另一个是产品销售代理单位，名叫斯图尔特蓄电池公司。

公司成立那天，一名当地报社的记者问保罗，为什么要把公司设在马什菲尔德，他肯定地回答说："这里的条件十分理想，这里是铁路交通枢纽，而城市又在许多发达而进步的小城镇网的中心。"保罗凭借着敏锐的商业洞察力，坚定地开始了漫长的创业之路。

电池公司运作的前几个月，效益非常好，这极大地调动了员工们的工作积极性。当地报纸还将斯图尔特-高尔文电池公司称为"马什菲尔德市制造工业中最大的工厂之一，它日产蓄电池150台，销售遍及全国各地，它在堪萨斯市设有一个分销处"。

随着公司的发展壮大，曾经和保罗一起合作卖爆米花的弟弟约瑟夫也从哈佛镇来到马什菲尔德协助哥哥工作。就在两兄弟在马什菲尔德并肩苦干、电池公司生气勃勃时，一个不幸的

消息传来，他们的弟弟菲利普因病去世，这给保罗和约瑟夫带来了沉痛的打击。

1920年至1921年间，全美经济形势整体不佳，受此大环境影响，保罗经营的电池公司也出现了危机。即使他们做了百倍的努力，公司依然无法走出经营的困境。

经过研究，他们发现一个重要的问题，他们认为公司的不景气也许是由于所处的地点不利。后来保罗回忆说："我们发现，对蓄电池经营来说，我们处在全世界最糟糕的地方，仅仅从运输这一点上看，我们就被排斥在一些较大市场之外。因为蓄电池特别重，运输很难，而且含有酸，只能选择几种运输方式，这就大大增加了运输成本，因此大市场上的制造商就比我们更有优势。为什么最初我们没有想到这些？真糟！"

当时，斯图尔特和保罗想了各种方法克服困难，公司经营状况逐渐好转。尽管如此，还是未能阻挡厄运的降临。就在此时，保罗和丽莲唯一的孩子鲍勃·高尔文顺利降生，这给了愁眉紧锁的保罗带来些许宽慰和欢乐。

1923年的一天，保罗正在家里吃午餐，政府的工作人员通知他，由于工厂未缴蓄电池货物税，他们将工厂的门封了。午饭后，保罗去了工厂，可是看守的政府人员竟然不允许保罗进入车间取仅有的一件大衣。

保罗对政府人员说："我一直思念着这件大衣。工厂关了门固然是件坏事情，可是丢了大衣也令我十分苦恼。我想政府有权关我们的工厂，可并没有权力没收我的大衣。"

当地的《马什菲尔德先驱报》刊发了相关报道："星期一

下午，已关闭的斯图尔特–高尔文电池公司的办公设备和工厂存货由政府官员公开出卖，以抵补其所欠税款。"

当时全美经济状况总体不景气，这对保罗十分不利。他和斯图尔特花了将近两个月时间，四处求救，竭力举债，但都宣告失败。公司关闭后，保罗·高尔文口袋里仅剩1.5美元，他和妻子丽莲带着10个月大的儿子搭乘了一辆破旧汽车返回伊利诺伊州，还带上了一位去芝加哥的公司同事。此时的保罗连吃饭的钱都凑不出来。后来幸亏搭车的同事掏钱，才使保罗一家途中不至于挨饿。

1923年8月2日，保罗一家从马什菲尔德启程的那天，总统哈定去世的噩耗传出，全国震惊。保罗·高尔文回忆道："当时，我感到好像全世界都完了。"

第二节　二次创业遭遇滑铁卢

我把每一次新任务当作一次新的战斗，
我已懂得一个人活着就得战斗一辈子。

——保罗·高尔文

在马什菲尔德创建的公司倒闭后，保罗·高尔文一家又回到了家乡哈佛镇。他为自己的失败感到痛苦和懊恼。但是，他依旧不甘于在这寂寞的小镇上平淡地生活，在他看来，失败的痛苦只是暂时的，保罗很快调整好自己，在逆境中振作起来。

此时，保罗的姨夫埃米尔·布拉赫为他提供了一份工作，于是，他便向父亲借了40美元，去芝加哥投奔姨夫。尽管布拉赫已年逾六十，但对于管理公司非常在行。布拉赫公司的各项工作都井然有序，公司稳步发展。

刚到芝加哥，姨夫布拉赫就让保罗当起他的私人秘书，并亲自传授他从商的经验。在这里，保罗学到了许多管理公司的方法和技能。保罗对公司里的大小事务都特别关心。工作中遇到的问题，保罗不单单满足于知道问题是否得到解决，他还想知道这些问题是如何解决的。

在工作和学习中，保罗深刻地认识到，仅靠努力工作是远远不够的，要想成就一番事业，必须高瞻远瞩。

1926年布拉赫退休时，保罗·高尔文担任公司的销售主管。他非常喜欢这个行业，他认为自己在商界可以大有作为。就在这时，曾经与他一起创办蓄电池企业的爱德华·斯图尔特找到了保罗，他们又开始筹划新的创业。

这次，斯图尔特买下了马什菲尔德电池公司的残余部分，并把公司搬迁到了芝加哥，以避免因地点偏僻和交通不便等问题使公司难以运转。保罗和斯图尔特信心百倍地开始了第二次合作，希望的火花再次燃烧。

1926年的美国，经济已趋向稳定，科学研究和工业技术的进步，为新兴产业的出现与发展提供了可能。其中，汽车产业的发展更是日新月异。车型与功能常常每月都会有改进。与此同时，汽车的空间和体积也在不断增大，更多的美国人希望能够拥有一辆空间宽敞、功能强大的汽车。

此时，美国各地的公路以城市为中心辐射全国，四通八达。同时，无线电的发展速度也特别快。家用收音机的数量由两年前的3000台猛增到30万台，全年的销售额也开创了历史新高。不过，当时的收音机存在着一个致命的弊端，那就是它使用的干电池又笨又脏，而且寿命极短，用不了几年就必须换新的收音机。

不过，要让这几十万台收音机的用户，把收音机一下子扔掉是不现实的。针对这一现象，保罗和斯图尔特发明了一种A-替代器以解决这一问题。这种替代器其实就是一个小的点滴式充电器和电池。使用者可以用这个替代器接通电源，然后连接收音机，收音机从电池中得到供电便可以继续使用而不必白白扔掉。

在科技和商业领域颇有远见的保罗，出资买下了公司的一小部分股份，并购买了零部件装配生产线，生产A-替代器。起初A-替代器的销路很好，公司销售额一度直线飙升，达到令人羡慕的程度。

但是，好景不长，不久他们收到了来自各地市场的故障报告：由于A-替代器上使用的整流器过大，导致收音机接收效果不好，很多产品被退了回来。发现这一问题后，他们立即把已装运的产品主动召回，并夜以继日地研究如何改进。他们相信，只要有足够的时间，问题总是能解决的。

当时科技市场竞争异常激烈，时间不等人，顾客更不愿等。一旦这家公司的产品不能正常运转，顾客马上就会去买别家公司的产品。

斯图尔特和保罗抓紧时间将企业进行重组，并且改进生产技术。此时，他们资金周转出了问题，金融利率谈判失败并欠下一大笔债务。不久债权人便蜂拥而来，行政司法官勒令公司关闭。蓄电池公司也被另一家公司买走，同时买走的还有他们新研发的替代器，连同专业生产机器和工具。

天无绝人之路。就在此时，保罗接到了西尔斯公司无线电部门一位负责人的电话，建议保罗不要放弃斯图尔特电池公司的替代器项目，并准备与他签约定制。

这对于保罗来说，无疑是一个绝好的消息。但这以前的种种经历告诉他不能盲目上马，要看市场。于是，他在芝加哥走访了所有他们能找到的无线电经销商。经过几天的努力与谈判，保罗终于找到了愿意以合理的价格购买替代器的十几个经销商。

心中有数的保罗·高尔文参加了替代器项目的拍卖会。保罗是多么想拍下这个替代器，但在当时，他能买到替代器项目的希望很渺茫。不过，他志在必得，即使出大价钱，他也愿冒这个风险。当拍卖价达到500美元时，竞争者已经寥寥无几。显然大家对替代器还缺乏信心。此时，保罗一下叫价750美元，这一举动吓倒了竞争对手，以至无人再出价。最终，保罗·高尔文顺利买回了替代器项目！

和创造世界名牌的人

一起放飞梦想

Let the dream fly

第三节　第三次创业步步为营

> 如果你之前有时间了解我的心情，那你一定看到我曾经几次消极，曾以为我们所有的工作都是无用的，公司要存在下去已是不可能的事；但是，我坚持下来了。因为我心存希望，坚持战斗。
>
> ——保罗·高尔文

1928年9月25日，在芝加哥哈里森街847号的一幢出租大楼里，一家属于保罗·高尔文的公司——高尔文制造公司——正式诞生。尽管只有5名雇员，但他雄心勃勃地计划着要从这里开始征服世界。

每一个行业都有各自的经营与管理艺术，这种艺术包括一种预见和睿智，它来自行业敏感和经验。

创业之初保罗打听到交流电收音机已开始使用，而且有很多人已经造出各种各样的机型，所以，他明白收音机电池替代器为他赢得市场的时间不会太长。于是，保罗开始进军家用无线电领域，准备生产更加先进的交流电收音机，即九管底座的无线电收音机。

万事开头难。由于缺少流动资金，保罗没有钱购买工具和冲模。所以早期他为了制造收音机，必须到金属板供应商那里去，把底座材料切割为合用的尺寸，并给底座打孔，以便安装部件。打孔的时候，经常会出现磨损或折断钻头的现象，仅购买钻头就会让公司的财务吃紧。常常在发工资当天，保罗带着工人们要扛上几台替代器和一些收音机底架到无线电批发商店去出售，然后带着现款赶回来发工资。

即便如此，保罗仍以极大的热情投身到设计、生产和销售工作中去。在激烈的竞争中他时刻都有强烈的危机意识，因此保罗总是马不停蹄地工作。

由于早期无线电市场波动很大，这就要求无线电的生产要特别灵活。一旦订单来到，工厂就必须迅速生产，并立即交货。订货必须在一夜之间制造出来，否则就可能让各路竞争对手见缝插针。

在无线电生产与制造过程中，保罗对每一个环节都严格要求。由于利润太小，所以他决不容许生产上有一点失误。保罗虽然不是专业工程师，但在他细心的观察和经验总结中，常常能发现生产中出现的技术问题。

不仅对生产线严格控制，保罗·高尔文对员工也关怀备至。他经常到工厂里问候加班到很晚的工人，同时在技术上对他们进行指导。工人们对保罗能知晓那么多情况都感到十分吃惊。

企业要发展，人才是基础。

早年在保罗的工厂里并没有正式的工程师，大多数技术员只是些无线电爱好者。与高尔文制造公司同在一幢大楼里工作的人中，有个叫比尔·利尔的工程师，他将一个无线电经销商韦弗林介绍给了保罗·高尔文。据说，韦弗林很早就对无线电很感兴趣，经常琢磨着装配和拆卸各种收音机。后来保罗把他雇来，韦弗林终于可以大显身手了。

此外，保罗还多方打听吸纳了很多技术骨干，他们中有面对各项艰难都能从容应对的机械工程师艾尔·奥肯；有不管是厕所里的管道障碍还是无线电底座外表的问题，都能处理得得心应手的唐·米切尔；还有把"此车归休戈专用"写成标签贴在公司一辆手推车上的休戈等。这些人在公司创办之初都对高尔文制造公司有过巨大的贡献。

保罗能真诚地对待每一位忠诚于公司的骨干。有一次，工头在保罗外出时把休戈开除了，他回来后立即重新雇用了休戈，他说："如果公司垮了，那么最后离开的两个人将是休戈和我。"

随着无线电市场的蓬勃发展，高尔文制造公司成立一年多来，也得到了长足的发展。1929年，高尔文制造公司生产的无线电，年销售额已达到4.7亿美元，比7年前增长了1400%。收音机主件由电子管升级为帘栅极管后，灵敏度也大大提高。这一年，股票疯涨，无线电股票在涨潮中处于领先地位，这也极大地推动了高尔文制造公司的发展，订单不断增加，雇员随之增多，生产规模也不断扩大。

1929年10月25日，纽约华尔街股市暴跌，美国爆发了有史以来规模最大的经济危机。几乎在一夜之间，大小企业纷纷倒闭，企业都在抛售物品，一些大的制造商甚至以远低于销售

价的价格甩卖产品。高尔文制造公司也因存货巨大而陷入了困境。

生活上的不幸伴随着事业上的挫折接踵而至。五个月内，保罗先后失去了父亲、母亲和岳母三位亲人。一个又一个打击使他悲痛得都快麻木了。

成长过程中的磨砺，给了保罗·高尔文一次重于一次的打击，但是，他一次又一次地坚强振作起来，并且因此获得更丰富的人生体验和创业经验，为担起更大的担子做足了准备。

第四节　成功设计车载收音机

> 从来没有人使我相信，我能朝着正确的方向去努力，是因为有神的帮助。
>
> ——保罗·高尔文

困难与挫折或许会使生活的弱者一蹶不振，但对于强者来说，它却是前进路上不断鞭策自己的动力。在芝加哥的高尔文制造公司破产后，保罗·高尔文同样没有就此放弃自己的理想与追求，收拾好心情的保罗打算重整旗鼓，大干一场。

在日常生活和工作中，保罗非常重视收集各类信息。有一次，保罗和纽约一个供应商谈论一批货时，供应商提到在日本长岛有人制造了可以安装在汽车上的收音机。听到这一消息，保罗请求这位供应商谈得更详细些。于是这位供应商把自己所知道的悉数告诉给了保罗。

据这位供应商了解，日本车载收音机的具体做法是，把汽车上的仪表板拿下来，制造一个面包板底座，装在板子的后面，在仪表板上打孔，从而使调谐钮可以伸出来，将一根小的天线设在板下，或者装在车顶的头部位置，再把一个小的锥形扬声器安在仪表板的下面，所有这些定价大约240美元。

这一信息让保罗眼前一亮，他有了一个新计划。保罗也想在美国生产汽车收音机，因为当时在芝加哥还没有这样的技术服务。坐在返回芝加哥的火车上，保罗·高尔文一直都在思考这件事。他认为车载收音机市场潜力巨大，这是创立品牌的绝好时机，一定要抢占市场先机。

早期高尔文制造公司的工程师汉克·桑德斯曾对汽车收音机装置作过一些试验，而经常来高尔文制造公司的出租车司机查利·霍罗威茨，也在车里安装过电池收音机，只是收听时经常有静电杂音。

对于汽车收音机，保罗觉得最重要的问题是去掉过多的杂音干扰，使音频输出量足以盖过汽车发动机的声音。于是，他和团队成员日以继夜地研究、实验。几个月过去了，在数不清的设计图纸背后，保罗和他的团队对各种方案进行了激烈争论，最终确定了一个创新方案，同时他们也迅速投入试验。

白天，他们在哈里森街厂房外的街头干活，让汽车的两个轮子搁在路边石上面，以便一个工人可以钻到车底下工作。晚间他们在灯光昏暗的工厂里工作。下雨时，他们把汽车移到附近杰克森大街红银公司的服务站，到那的车棚里工作。当一个新的装置完成时，他们就会把汽车开到马路上去进行试验。为了不让技术员们泄气，保罗有意减少了失败次数的登记。

为了使车载收音机能在科技领域独占先锋，保罗做出了果断的决定：要在一个月内至少安装好一台无缺陷的、完美的车载收音机。以便他可以参加当年在亚特兰大市举行的"收音机厂商协会会议"。这一决定使所有员工都变得紧张起来，他们日以继夜地安装、修改、重新设计、不停试验。他们风雨无阻地与时间赛跑。最后，工人们奇迹般地提前几天完成了任务，为保罗能带着新产品参加"收音机厂商协会会议"做足了准备。

在那个年代，各种型号的汽车还都没有预留一些空间用于安装收音机、电池和放置扬声器，工人们就千方百计地寻觅空间，在引擎盖下为收音机找到一个地方，让汽车在装上收音机装置之后能正常运转。当把这个装置安装到汽车上，汽车发动机运转时，汽车乘坐者依然能清晰地收听到收音机播放的内容。

随后，保罗·高尔文便开着装有收音机的汽车，和妻子丽莲、儿子鲍勃，一起到亚特兰大市参加"收音机厂商协会会议"。

当年的公路远不像如今的超级公路那么平坦，公路大部分是砂石路，路面凹凸不平，有些路段简直像洗衣板那样颠簸难行。一上路保罗就担心收音机很可能在到达亚特兰大市之前就不能用了。最容易出问题的地方是连接收音机和它的操纵部件间那根又长又硬的调谐杆，对此，保罗担心极了。

当汽车行驶到砂石路时，驾驶杆发生震颤，车身也摇晃。而收音机的调节部件设在驾驶杆上，收音机本身所在的位置就在仪表盘下方24到30英寸处，那又长又硬的调谐杆使收音机放出的歌声好像发自水中一样。

在如此崎岖不平的路上行驶，任何型号的汽车都受不了这样的颠簸，这对新的无线电装置来说，也是一次非常严峻的考验，更何况是刚装好的收音机。可喜的是，当保罗一家顺利到达亚特兰大市时，收音机依然能够正常工作。

会议现场没有保罗的摊位，保罗也没有工作人员的工作证，那里也没有让他表演的地方。他就在一条环形的林荫道上找了一个停车位，在这里保罗正好能够遇到前来散步的与会商人，然后想方设法吸引他们进车里看看，在这里听听收音机。

在保罗去联系别的商人时，他的妻子丽莲也会热情地展示他们的车载收音机。起初人们还对他们的推荐不屑一顾，当真正进车体验后，很多人都觉得保罗的产品很好，便要马上订货。展示会结束后，车载收音机的影响在业界迅速流传并一鸣惊人！

第五节 首个"摩托罗拉"无线设备

运气总是会光顾有准备的人。

——保罗·高尔文

经过了去亚特兰大参会路上的试验与感受，保罗·高尔文认为应该对收音机调谐杆等部件进行改进。他从牙医用的钻、理发的电剪和洗衣机柔性轴上得到了启发。说来也巧，有一天，保罗遇到了一位银行出纳员，偶然提到了柔性轴的问题。这位银行人员恰好在几天前，和使用这种柔性轴的洗衣机公司经理谈过。他说这家洗衣机公司曾向德国订购了大量这种材料，货到达芝加哥之后他们发现这些货的尺寸不对，无法使用。可是他们退不了货，这些东西竟成了一批"死货"。

于是，保罗马上联系了洗衣机公司的负责人。通过一番打听和测量，保罗发现这种轴的长度、直径、套管等，正是他们所想要订制的。保罗·高尔文以处理价从洗衣机公司手里买下了全部柔性轴。他们生产的第一批收音机就是用这种新的柔性轴装配的，得到了用户的好评。

有时，保罗感慨，机会有时对成功起到和奋斗同样的作用。他私下里曾用比较严肃的口气对儿子说过："有人把这样的情况说成是走运，但是从来没有人使我相信，我能朝着正确的方向去努力，是因为有神的帮助。"他希望儿子能靠自己打拼获得机会走向成功。

调谐杆的问题解决了，保罗还对汽车收音机装置、天线、电池等方面进行过多次调试。当所有部件的安装和连接都顺利完成之后，收音机在车子静止和引擎没发动时声音很正常，不过，当汽车发动机发动起来，或是有点噼啪声和咻咻声干扰时，收音机的声音就被湮没了。为了减少声音的干扰，他们又安装了声音抑制器。

1930年，通过工程师和员工坚持不懈地找毛病，保罗·高尔文对每个装置都经过上千次试验，改进了汽车收音机的性能，最终，实现了便于安装的目标。随后，高尔文制造公司向市场投放了5T71型汽车收音机，新产品的商标叫"摩托罗拉"（Motorola）。这个名字是保罗早上刮脸时灵机一动想出来的。摩托（Moto）是汽车的发动机，罗拉（rola）则是形容汽车收音机里传送出的欢快而悦耳的声音，它兼有"开动"和"收音机"的双重含义，这在保罗看来既醒目又有效果。

新产品受到了极大的欢迎，"摩托罗拉"被美国公众认为是"美国最好的汽车收音机"。而保罗投放到市场的5T71型汽车收音机，在产品设计中也创立了许多"摩托罗拉"的第一。

5T71型汽车收音机包括附件及安装费在内，每台售价为110到130美元。它的设计适应当时流行的任何一种汽车，因而这一设计能使其产品在市场上打开销路。它名副其实地被称作"市场上第一台商品化的汽车收音机"。

高尔文制造公司在1930年年底时亏损了3745美元，但其销售额已达到了创纪录的287000美元。这是21世纪前该公司唯一的一次亏空，事实上，它的营业状况比创办以来的任何时候都要好。那时，保罗的工厂已占满了哈里森大街大楼的两层，而它的员工经过挫折与困难的磨炼，已结成一支有能力攻克任何难题的队伍。分散在全国各地的汽车收音机安装中心传来了市场对摩托罗拉汽车收音机日益看好的讯息，公司的订单也与日俱增。

第六节　集结各路科技人才

他（保罗·高尔文）使我们致富，但更重要的是他也造就了我们这些人。

——纳特·库琅

1931年高尔文制造公司扩大了生产规模以应付越来越多的订单，新增的生产设备和工人占据了整整一层楼。并且，公司还成立了第一个摩托罗拉推销机构，它成了批发商组织的核心，显示出非同寻常的活力，并推动高尔文制造公司取得巨大的成功。

在外号为"荷兰人"的穆尔领导下的、位于俄亥俄州德顿市的穆尔装备部于1931年1月建立了第一个摩托罗拉分销处，2月，赫布·沃尔于韦恩堡建立了第二个分销处。

1931年，高尔文制造公司迎来了几位重量级员工，其中来自纽约市的纳待·库琅是个富有热情的人。有一次为了向保罗·高尔文证明一个天线接收点的正确性，纳待·库琅在大风中攀上了20英尺高的竿子。后来，他在1931年的4月加入了高尔文制造公司。

来自圣路易斯的迪斯科销售部的拉尔夫·莫里森于5月加入；很早就掌握了汽车收音机技术的弗兰克·卡思斯于6月加入，他也是保罗的朋友；波特·伯吉斯连同他位于达拉斯的代销店也是在这一年年底加入公司的。

保罗·高尔文同许多有个性、有特长的人建立了友谊，并保持亲密的关系直到离世。对于这种亲密关系的长期持续，纳特·库琅认为："他使我们富裕，但更重要的是他也造就了我们这些人。""他从不做不着边际的许诺，"另一个人说，"他是有眼光的人，而且他也会让你开阔视野。"

1931年8月，一位谦逊的年轻工程师雷·约德加入保罗·高尔文的公司。他领导着一个工作小组，一年之内在汽车收音机技术方面有了重要突破，他本人做出了最重要的贡献——他们成功研制了振动型的电力供应系统，成功代替了笨重的、短命的B号电池。这一成功设计助推摩托罗拉品牌在市场上确立了领导地位。

Motorola

第五章　步入市场

MOTOROLA

Motorola

第一节　问题重重迎刃而解

这只是一个理解与尽力的问题，要观察与摸清主要细节。

——保罗·高尔文

汽车收音机越来越畅销，但引发的问题也日益增多。于是，美国的很多地方展开了是否该从法律上禁止在汽车内使用收音机的辩论。一部分人认为汽车收音机会分散司机注意力，导致行车危险性的增加。在警官对汽车肇事原因的调查中，必然提出一个问题——事故发生时，收音机是否处于工作状态？

虽然美国各州始终未通过禁止在汽车内使用收音机的法律，但有许多人想尽办法促成这种法案的通过。最积极争取这种立法的活动出现在密苏里州的圣路易斯市，理由是汽车收音机"招来灾祸"。

收音机厂家协会同这种立法进行了长期斗争。保罗·高尔文也不得不参与这次斗争，他亲自来到圣路易斯，出席市议会的听证会，并在拉尔夫·莫里森的帮助下，发言反对这一提议。他列举了权威的统计数字，以证明事故率在安装汽车收音机的前后，事实上是相同的。

另一个让高尔文制造公司棘手的问题是汽车收音机的安

装问题。虽然随后建立的一系列安装中心大大改善了之前因安装不良导致收音机播放效果不好的状况，但是经过严格训练而投入现场作业的人数一直未能跟得上市场的需求，导致许多只想迅速赢利而不顾后果的自学成才者，仅仅手拿着螺丝刀和钳子，就进入作业现场。未受过专业训练的人来做这一技术要求较高的工作，使得个别顾客对公司的怨言和不满增加了。

为了解决这一问题，保罗及其团队成员全力以赴地编写了一本服务手册。《摩托罗拉汽车收音机服务手册》于1930年末出版，印刷精良，共28页，有8个草图。书中一再强调："摩托罗拉汽车收音机的安装是比较简便的。"

手册还以和缓的语气说："这只是一个理解与尽力的问题，要观察与摸清主要细节。"它继而以恰当的、巧妙的、委婉的语调来唤起购买者的自豪："摩托罗拉的设计可以更有效地帮助客户进行简易的安装，因而在解决各种所遇到的问题时，我们给能工巧匠以广阔的发挥机会，并使安装工作成为有趣的、给人带来快乐的活动。"

《摩托罗拉汽车收音机服务手册》于1931年再版，1932年扩充至35页。为了便于携带，公司还以薄纸、小字印刷成袖珍本，里面配有许多精细准确的插图。

后来设计并出售的55型汽车收音机让高尔文制造公司遭遇了小小的挫折。这台被称作"不光彩的55型"在服务问题上甚至影响到了同一年推出的其他型号的收音机的销售。

韦弗林说："所有运到现场的55型收音机——这中看不中用的东西——都引起麻烦。电力供应设计得不合规格，虽然这

和创造世界名牌的人

一起放飞梦想

Let the dream fly

060

个型号的收音机能在汽车内正常地运转，但我们却犯了致命的错误，将电线同蓄电池直接连接起来而未使用保险丝。之所以这样做，是因为保险丝产生强烈的电源交流声，这会影响到车载收音机的播放效果。由于这一型号收音机的功率不足，振动器相互紧贴，一旦出现意外，变电器就会自燃，然后是电线，最后是汽车。"这种可怕的火灾常给顾客带来无妄之灾。爱荷华州苏城的一位代理人有一台55型收音机安装在他车库中的一辆汽车内，这个车库与其他房屋相连。汽车着火导致车库也被烧着，最终整排房子被烧掉一半。还有一台安装在灵车中的55型收音机使这辆灵车着火了，就连灵车中载着的尸体也被烧成灰烬，结果使本想土葬逝者的亲戚和友人懊恼不已。

最后，越来越多的怨言、愤怒和指责从市场传来，保罗决定收回已装运的几千台55型收音机，然后把这些收音机销毁，约瑟夫用一把长柄大锤完成了这一工作。

保罗并未被这些负面的事情弄得萎靡不振。他是从艰苦与不景气岁月中奋斗出来的，所有的往事都清楚地证明他有能力对此作出正确的处理，而不是消极地应对。

保罗·高尔文说："砸碎这些收音机，给我们所有的人一个出气的机会。我们需要解放，因为正是这些东西捆住了我们的手脚。当这些收音机召回时，我们又一次栽了跟头。我们不要栽跟头，我们要的是吸取教训。我们已跌倒很多次了，但我知道我们能重新站立起来。"

在这期间，保罗于星期天抽空同伯利·海伦和丽莲的亲戚迪恩和达根两家一起回哈佛镇探望亲友。从童年时期的情景、

从能唤起的对寂静城镇的回忆中，他得到了感情上的安慰。当然，他也充分享受了家人团聚的欢乐。

他的婶母罗斯·迪恩，为她深情地称作"城市儿童们"的保罗一行人摆了一桌子酒菜。叔父乔治·达根是善于讲故事的人，他一遍又一遍地讲述他喜爱的那些爱尔兰故事。这些故事都是保罗·高尔文爱听的，因为这些故事给了他向前冲的勇气和信心。

保罗·高尔文还常将他在周游全国的旅途中收集的故事讲出来，同叔叔达根进行故事竞赛。保罗也是一个很会讲故事的人，他对如何让故事获得最佳的效果有很好的认识和把握。节日的时间常被高尔文和乔治叔叔的故事填满了，他俩都富于幽默感，在古老灿烂的爱尔兰艺术领域里，他们不分伯仲。然后在星期一的早晨，保罗又以焕然一新的精神风貌回到公司，回到他的业务中。

第二节　坚持原则因祸得福

目的高尚，会使所做的事情也同样高尚。

——巴尔扎克

1934年，几种真正优质的不同型号的汽车收音机开始被采用，它们逐渐驱散了具有毁灭性的55型收音机所造成的不良印象。这一年高尔文制造公司生产的摩托罗拉汽车收音机，分别以49.50美元和64.50美元的价格出售。这两种价格的收音机都设计得很美观，而且是所有工程技术人员和保罗·高尔文共同的心血结晶，他们在将近6年的试验中，学习制造出了品质优良的汽车收音机。

摩托罗拉提高了汽车收音机的产量，没有招致更多的不满和指责。这些收音机第一次借用充足的电力提供出丰富的低音音调，并凭借高度的敏感性能使微弱的声音变得清晰嘹亮。

1934年秋，埃默尔·韦弗林接到了保罗·高尔文打来的密电，要他立即停止对市场的考察，回到总部，他预料可能有很糟糕的事情在等待他。但是，事实相反，是保罗·高尔文希望韦弗林做他的副手，委以重任。保罗知道韦弗林对汽车收音机在使用中出现的实际问题有丰富的了解。

此时，对收音机行业来说，汽车收音机的大规模生产依然有着巨大的利润，许多大公司发动了争夺市场的攻势。为了夺取这一领域的统治地位，在互相竞争的主要厂家中有一家生产商生产出上万台只有1个栓座而有4个真空管的收音机，轰动了全国的汽车收音机市场。

在当时的技术条件下，4个真空管的收音机存在种种问题，是不实用的，而且选购的顾客对此怨声四起。但这对保罗·高尔文来说，却是天赐良机，因为他正好可以利用竞争者们推广的大量而影响深远的广告活动，使整个美国都沉浸在乐于享受在驾车时收听音乐的乐趣中。当4个真空管收音机的不适用破坏了许多买主对一般汽车收音机的美好憧憬时，高尔文

制造公司却推出了许多其他型号的摩托罗拉汽车收音机，并且这些产品的性能都很好。

当汽车收音机开始吸引住公众的注意力时，一些零售商想以独家销售的方式独自发财。他们在汽车收音机的购买上，设计出一套欺骗的手法。例如，一个芝加哥车载收音机经销商可以向买主提供一台免费的收音机，但条件是买主必须推荐10个其他的购买者，而且必须按照这个经销商的标价购买。由于这个经销商对第一位买主的汽车采取动产抵押的办法，因而这一办法使这个买主尽可能地在最短时间内找到其他10个购买者。

保罗·高尔文对这些伎俩表示痛恨，并以各种方式反对。他用令人尊敬的推销方法，以寻求成功。其中最有成果的是发展同B.F.古德里奇轮胎公司的关系，通过它的数百个分支机构与商店，为摩托罗拉顾客，提供科学的安装计划。

对年轻的公司来说，这是一种"奠基"的关系。以互相尊重为基础，发展了保罗·高尔文与这家轮胎公司的经理人的关系，而这些经理人也是保罗·高尔文在他的经营活动中所遇到的最有才能的人。

不久，这种补充销售方式——摩托罗拉通过B.F.古德里奇轮胎公司的经理人，为顾客提供服务是摩托罗拉的产品能取得成功与发展的诸多原因之一。

第三节　出色的广告员维克多·欧文

告诉他们真相，第一是因为这样做是正确的，第二是不管怎样弄虚作假，他们都会发现的。即使他们没有第一时间发现，我们最终也还是要吃苦头的。

——保罗·高尔文

1934年，一位非同寻常的广告革新家维克多·欧文，以其全部时间同保罗·高尔文密切合作，这是高尔文制造公司这一年发展的一个重要事件。

欧文是一位身材矮小、热情洋溢并且精力充沛的人，他有一双明亮的眼睛。自1930年以来，他一直居于半官方的地位。1934年通过一位与保罗·高尔文共事的朋友介绍，他被邀请加入公司，在"不付报酬，只求你不参与胡闹"的要求下开始为保罗做事。

起初欧文写了些东西，搞出了一种小型的月报，内容有新鲜的点子和贸易短语。大约一个月后，在薪水册上，他每周的工资为10美元，即使在贫困的日子里，这样的待遇也很难算得上是"大方"的。

几个月后，维克多·欧文离开了公司，因为有别的企业找他去做广告工作。但他发现保罗·高尔文及其同事是一伙意气相投、有经营头脑的技术人员与商人。于是欧文又经常与高尔文制造公司往来，为公司帮忙。每当他离开办公室，就和高尔文制造公司的人聚在一起，通常是在弗雷德·哈维工会车站餐厅。他以这种方式，与公司保持密切接触，了解公司的情况。

欧文曾负责过摩托罗拉的第一次全国范围的广告。开始只有在第三版上一栏广告，每月一次，刊登在现已停刊的《柯里尔》杂志和《星期六晚邮报》上，很不起眼。

维克多·欧文制作了一种舞台广告。在他精心安排的灯光下，舞台上出现一个广告的放大影像，晃过之后，又从舞台的另一个方向映出，然后又消失掉。这都是约翰尼在幕后摆弄出的舞台效果。这一设计用今天的眼光来看是最不起眼的，但在当时，这种大型的、壮观的影像，甚至可以与百老汇的音乐广告比美。这种广告在如今在交易会上已经被广泛应用，但在那时，这种做法是具有开创性的、朝气蓬勃的，它使销售商为之震撼。全国范围的广告展示，以其表现手法之新颖，使销售商欢欣雀跃，拍手称快。

欧文曾负责摩托罗拉的大型公路广告策划。在全国纵横交错的公路两旁，闪耀着成百上千五颜六色的摩托罗拉广告牌。坐在汽车内跟随父母远游的孩子们，常常以数到处出现的各种颜色的摩托罗拉广告牌为乐。这种广告十分值得纪念，它们以极少的费用，有效地宣传了摩托罗拉产品。但在某些地方，同样的广告牌却遭遇到了异样的命运。内布拉斯加、伊利诺伊和爱荷华州的猎人们情不自禁地向这些漂亮的摩托罗拉广告牌射击。也许一位心情不佳的爱荷华人，由于射击猎物不准而引发了不高兴的情绪，于是端起猎枪，向近距离的一切目标射击，其结果是完全毁坏了广告牌。

1937年，高尔文制造公司已占满了哈里森街的大楼，并扩展到街对面克拉克尔·杰克糖果公司的大楼中去，并在奥古斯塔大街建造了它的新办公楼与厂房。此时，已经以顾问兼代理人身份行事的维克多·欧文，正式就任高尔文制造公司广告部经理。两个月后，他连同自己放置在桌子周边的两个文件柜和一些箱子，一起搬进了马奥冈一排房屋中一个时髦的办公室。

好几个月过去了，公司还没有向欧文支付作为雇员以来的工资。一天，他问约瑟夫："雇员工资是一年支付一次还是半年支付一次？"原来公司的财务部门把这位时髦的广告部经理给忘得一干二净！

欧文曾经说过："在摩托罗拉所做的事没有先例。它是一项艰难的工作，但是效益不错。我们做过一切看起来和听起来都合适的试验。当然，我们也犯错，一旦发现立即纠正，并尽力不再犯同样的错误。"

在一次经销商会议上，一位老练的经销商走到欧文面前，对他说："我看到过大吹大播的事情太多了，但在这里我第一次看到没有人在愚弄我。我不知道这是否是因为你们这些人太笨了，笨到不知道怎样说谎，还是你们的头脑太简单，以致你们连撒谎都想不到。可是无论如何，我回去后还会让我的人卖你们生产的这些鬼东西。"显然，他们并不愚笨。在摸索前进的竞争年代里，如果没有真正的精明，他们是不会幸存下来的，而保罗·高尔文坚决维护规范，要求他们公正地对待经销商，将公司及产品的状况老老实实告诉他们。这是保罗创设的摩托罗拉获得成功的重要原因之一。

保罗·高尔文说："告诉他们真相，第一是因为这样做是正确的，第二是不管怎样弄虚作假，他们都会发现的。即使他们没有第一时间发现，我们最终也还是要吃苦头的。"

多年后，维克多·欧文竟然获得了公开顶撞保罗·高尔文的权利，要知道这种权利在公司中只有寥寥可数的几个人享有。维克多·欧文和保罗·高尔文有时意见不同，为了取得一致意见会争得面红耳赤，但从不怒目相向。

保罗·高尔文佩服欧文在有不同意见时敢于大声叫喊的性格。一旦听到他从位于远处的办公室打来电话，并大声叫喊时，保罗就庄重地提醒欧文，下次如果在只隔一条街的地方有事对他说时，无需打电话，只需要打开办公室的窗户，大声喊叫就行了，他听得见。

保罗虽然有时因他们二人之间出现的许多滑稽场面，以及常有的争论甚至争吵而心中不快，但是他内心非常感激欧文，他很清楚欧文对摩托罗拉的发展做出的巨大贡献。一次，在欧文去外地出差归来后，保罗看到他正在填写一张费用表，严肃地对他说："不要介意这种事。你出差本身已充分说明你已赚回了那些花费。"他也向欧文作出庄重的许诺："我决不辞退你，决不让你离去。"

第四节　直率善良的管理者

> 工作将是艰苦的，失望的事情也会连续不断，但我们终将大获全胜。
>
> ——保罗·高尔文

　　1934年，另一个对公司作出重要贡献的人，加入了高尔文制造公司，他叫弗兰克·奥布赖恩。他是一位重感情的人，曾为一家广播器材制造公司工作，直到经济萧条期间该公司倒闭为止。后来，他遇到了约瑟夫·高尔文，并被他吸引。约瑟夫给奥布赖恩安排了一项采购方面的工作。奥布赖恩要求每周40美元的报酬，但约瑟夫只答应每周给他22.50美元，为此事二人争论了将近两个小时。后来，当问起奥布赖恩为什么会在那样的条件下还来高尔文制造公司工作，他笑着说："因为约瑟夫不打算每周给我40美元，我才决定接受他提供的22.50美元。直到若干年之后，我才知道，那时保罗·高尔文和约瑟夫·高尔文从他们自己经营的企业中每周才拿约30美元。"

　　奥布赖恩回忆他和保罗·高尔文的第一次接触时说："当时我们用一种上漆的套管作为绝缘体。我们之所以称它为绝缘管，是因为它很长，中空，而且是圆形的。我为这家公司工作的时间还不是很长，突然有个我从未碰到过的陌生人闯进来对我大吵大叫。"

保罗·高尔文很有个性，除奥布赖恩外，别人亦有察觉。奥布赖恩很了解他：保罗·高尔文的声音深沉而洪亮，还能透露出从愤怒到温柔的种种感情。他有风度，给人以庄重感。当这些体现在他的讲话中时，他能控制整个会议和所有与会的人。

奥布赖恩早期同保罗·高尔文的相处并不总是愉快的。他们的结交使奥布赖恩感到高兴，公司对他有吸引力，但有时保罗·高尔文在一些次要问题上没有主意，这使他感到苦恼。

奥布赖恩说："我住在长街和戴弗西区，为了到达哈里森街大楼，必须从戴弗西区坐公共汽车到米尔沃基街，然后换车到洛根广场，然后搭高架铁路火车到霍尔斯蒂德街，下车后还要走五六条街，才能到达办公的地方。有次夜里下了可怕的暴风雪，我记得我比往常早两个小时起床，因为我知道在这样的坏天气中可能出现堵车。当我在霍尔斯蒂德街下车时，时间是8点50分，而我们那时上班的时间是8点。于是我拼命地跑，甚至把腰带都跑断了，我拼尽全力，总算在9点钟到达了办公大楼。电话总机的话务员告诉我，保罗·高尔文先生在找我。我上气不接下气地进了他的办公室。他对我大发雷霆，因为我迟到了。我按捺住自己要发的火，提醒他：我已经连续几周，每天都工作16小时了，即使在圣餐日也是如此。当我离开他的办公室时，气得砰一声把门关上。我的办公室在四楼，上楼时，我渐渐冷静下来。等到了四楼，我开始后悔。第二天，我跟随他走进办公室，告诉他我错了，因为我发怒了。他嘴边呈现出微笑，注视着我，平静地说：'我甚至记不起来和你谈过的事了'。"

保罗·高尔文不时地向某个人不公平地发怒，这是他矛盾性格的表现；但是，当这种前后不一的毛病被点出后，他会把整个事情忘得一干二净。由此人们逐渐认识到，虽然他未明确道歉，但他已经在意识中将这件事抹掉了。当他自己在企业经营上有错误时，他努力使同事们相信，他并不是永远不会有错的。同事们明白，他们可以找到他，对他说："保罗，你昨天的决定是错误的。"如果新的事实能够证明他的确是错误的，他就不再为此浪费时间。"告诉大家，我们正在改变。我昨天的决定是错误的。"保罗·高尔文言而有信。他常说，我们只能服从正确的决定，而不必问这些决定是何时、怎样或何人想出来的，对那些不承认自己在经营上有错误的人，他特别不能容忍。他有一种在自己心灵深处积累别人给予他启示的特殊方法。

一次在谈到他时有人说："他能记住一个人10年前犯的错误。"保罗的确能记住这些错误的细节，但他更关注的是这个人怎样从错误中吸取教训而得益的。

保罗·高尔文常说的一句话是："我不在乎某位同事沉默寡言，但如果他是麻木不仁，我就无法忍受了。"有时他对他认为没有能力的人发怒，但更常见的是他以此为手段，刺激有能力的人，使此人意识到自己正松散下来，或是变得粗心大意。如果他感到这可能有所帮助，他就采取激烈的行动，使这个人回到正确的道路上。他会对这个人私下里说："我所考虑的是，你现在对工作心不在焉，我们打算辞退你。但我会耐心等待一段时间。如果你依然不改，我们就真的辞退你。"这一谈话是强有力的"医疗"方法，往往很奏效。

雇员们以敬畏的心情来谈论他们感受到的保罗的怒气中的全部威力，这种怒气是他储存起来在必要时才发泄出来的。有人说："他对你不零敲碎打。他让怒气像炸弹一样爆发，一下子向你猛击过来，烧焦了你的眉毛头发，使你紧张万分。"

后来，有人怀疑保罗·高尔文的发怒是有准备的。一个从事供应工作的人，在听了保罗·高尔文对几位助手发怒的情况之后，他记得保罗·高尔文在这些助手从办公室逃跑之后，转向他眨眼示意说："必须使他们在一段时间内'有动于衷'。"保罗的一位部下说："他最初让你走，让你'回到自己的办公室，开始腾空你的桌子。'可是一小时后，当你在大厅碰见他的时候，他会惊奇地制止你并愉快地探问你的家人。"

保罗·高尔文有很强的批评精神。当某人做了使他高兴的事情时，他会深表谢意，但无任何馈赠。他身边的大多数人都接受这严格的标准，但有时也流露出不满情绪，埋怨他对他们要求太多。但保罗能以持续进行而又并不明确说明的方法使他的员工保持巨大的忠诚。许多人坦然承认保罗启示了他们人生的道路，人们以他为榜样，学习他的品质和一往无前的精神。

保罗之所以能取得下属的信任，最重要原因之一是他对下属忠实，他不高高在上，他重视人的尊严。他高兴地奖励那些有创造能力的人，并同意权威应属于勇于负责的人。

保罗对人们的关怀扩展到他们的雇佣关系之外。当他听说他的雇员家人生病时，他就打电话探询："你真的找到最好的医生了？如果有问题，我可以向你推荐这里看这种病最好的医生。"在他的努力下，许多按常理不会加入到高尔文制造公司的专家，都被请来了。而且在这些情况下，医生的账单一般就直接交给了他。保罗还亲自干预员工的酗酒问题。他打电话把酗酒的人召唤来，同他谈话，试图说服他接受适当的治疗，以摆脱酗酒。一次，当管理人员建议把一个不可救药的酗酒员工开除时，保罗要求先和这个人谈谈。20年后，这位员工仍被雇用，而且成了管理人员。

保罗·高尔文关心员工的另一个例证是，一次在他走过一个作业间时，看见一组女孩挤在一条生产线上工作，其他生产线空着。他问领班为何这样。领班告诉他：只在一条线上作业，可降低成本，因为这样做，就节约了燃料与电力。保罗严厉地说："我不在意是一个、十个或一百个女孩工作。你要给予她们同等的对待，不要为了节省钱而滥用任何人。"

第五节　利润共分享

> 一个公司不是前进，便是后退，没有停滞不动的时候。
>
> ——保罗·高尔文

保罗·高尔文乐于将自己的好运同别人分享。经过头几年

的艰苦奋斗，企业终于开始有改进，保罗告诉和他共同创业的人，他们在工资之外，理应分到公司新增加的财富。

他要他们理解：他们在公司未来的日子中会得到公平对待，保罗准备送给他们每人一些股票。他告诉他们："我不要你们跟我一辈子，只靠工资为生，我希望你们和你们的家人在公司中也是股东，因此，一直到退休，你们都有奔头。"

在整个20世纪30年代后期，他继续施行这一政策。当公司的股票在1942年可以在市场上公开买卖后，他又推行用红利购买股票的办法。

保罗·高尔文告诉每个人，他们收到的红利将按照他们对公司贡献的大小而有所不同。他劝告他们按市场价格购买公司的股票，因为那些将全部红利变成股票的人将取得股票的额外红利。一些早期购买与保存摩托罗拉特殊发展时期股票的员工都成了富翁，其中的少数人在40岁时就退休了，并且把股票变成了现金。其他人看到有利可图时就售出他们的股票，但他们接着看到他们售出的股票价值正在以两倍、三倍甚至许多倍地增长时，他们悔恨终生。

并不是所有的雇员都有长远的眼光，能看到公司是一个典范，能持续不断地发展并取得成就。甚至有些人的想法可能是，在公司走下坡路前赶快把他们的股票变成现金。而幸运的少数人持有保罗·高尔文的观点和信心，他曾说："工作将是艰苦的，失望的事情也会连续不断，但我们终将大获全胜。"

Motorola

第六章　保罗·高尔文的

特色组织

MOTOROLA

Motorola

第一节　员工组织的必要性

为顾客服务毕竟是企业自始至终的宗旨。

——保罗·高尔文

高尔文制造公司的员工成立了许多组织，第一批组织中有几个于1938年成立。其中最重要的组织是"服务俱乐部"，它把1928年和保罗·高尔文共同创业十年的"老战士们"组织在一起。

公司"服务俱乐部"的第一次集会于1939年在保罗·高尔文的办公室举行，与会的有9个员工，其中3个是1928年加入公司的，其余6个是1929年加入公司的。他们仔细聆听了保罗热情洋溢的贺词。保罗非常激动，热泪盈眶。

1938年，"领班俱乐部"成立了。1939年，"工程师俱乐部"举行了它的第一次月会，该会致力于教育性演讲，并展示技术方面的进步。"信用联盟"也在这一年成立，它协助高尔文制造公司所属单位将它们收入的一部分储蓄起来，并向它们提供低利率的贷款。

开始时，保罗·高尔文并不相信员工组织有成立的必要，也不相信那些组织会起什么作用。1937年，当一群员工筹划举行领班舞会时，比尔·阿诺斯到保罗那里，给了他许多招待券。保罗问道："为什么我们要举行舞会？"当阿诺斯解释说是为了鼓舞士气，允许员工在紧张工作之外，还有另外一个互相接触的契机时，保罗·高尔文批准了，他认为这是一个很好的主意。

从此之后，保罗·高尔文开始鼓励他的员工们成立一些员工组织，并认为这是树立公司精神的一种办法。他对"服务俱乐部"极为关心，每年一次的宴会规模与豪华程度发展到令人难以置信的地步。同时，越来越多的员工进入公司已满十年，因而有资格成为"服务俱乐部"的成员。

保罗·高尔文的确认为在他的工厂中没有成立工会的必要。他对工会作为对抗社会的特殊利益集团的功能表示厌恶。他同时也认同，在有劳动与管理斗争史的某些基层企业单位，工会是有一定的作用。但他不认为有工人在他的工厂受虐待、被克扣工资或被辱骂。

保罗认为他的公司是这样一个社会组织：共同的利益把大家结合在一起，因而不应被一种干预打乱。公司大多员工同意他的看法，并对他绝对忠诚。保罗对此深表感激，他也在尽自己所能为大家服务，回报大家。

在以后的岁月，公司几次遭到了流言中伤。公司为了反击污蔑不得不列举日益增多的福利。早期有过一个插曲：一群散发传单的人被工厂的一群员工打跑。保罗严厉批评了参加这次暴行的员工，使他们确信健全的、进步的员工规章是对付那些散播流言者更有效的办法。

保罗·高尔文认为其他的工厂组织也许都没有太大的意

义，因为只有他的公司是在努力使自己的员工在最好的环境中工作。保罗尽力给员工们更多福利，向他们提供比工会要求更好的工作条件。保罗还想尽办法给员工们更多的尊严和责任感。

保罗之所以这样做，因为他知道这种做法是正确的，犹如将鱼食投在水中一样能够立竿见影起作用，从这种实践活动中，他也能获取明显的利益。保罗同他的员工们交往毫无拘束，他能够用他认为最好的方式为客户、公司及其员工服务，拉近大家的距离。

保罗·高尔文感到：为顾客服务毕竟是企业自始至终的宗旨。他的员工们都在朝这一目标努力，这样才有可能使他们拿到应有的报酬。

第二节　忠诚是公司的核心

> 一个公司只有在它的职工参与管理后，
> 才能发挥效能，否则，只能是死水一潭。
>
> ——保罗·高尔文

同美国重要企业的其他创始人相比，保罗·高尔文在更大程度上以公司为生命。公司的员工被视为他的家庭成员。这样说，并无任何家长专制管理的含意，而是为了表明保罗·高尔文对他们的尊严最诚挚的承认。

对公司的活动，他不可能漠不关心，因为许多事情都同他有关。这体现在他年轻时在哈佛镇摆摊卖爆米花，体现在迁移到威斯康星州马什菲尔德满怀希望地经营电池厂，也体现在失败后忧郁地退离那里，然后同妻儿一起去亚特兰大的充满激情的旅行，接着是在不断试验、不断出错的岁月中，没完没了地清除汽车收音机装置上的瑕疵，更体现在他无数次的外出日程里，同客户和服务站的工作人员的谈话中。

这是他生活的中心——以各种各样的方式来反映他所感觉到的欢乐、满意以及痛苦。他懂得，不能强求他的员工用同样的态度来对待公司。不过，毫无疑问，他看到自己的方法已经奏效了——用分配红利的办法充分地调动了员工的积极性，并且提高了他们对公司的忠诚度。

但保罗对用金钱所换来的忠诚并不满意，他认为这些红利是他们通过自身劳动得来的。他强烈地意识到：让所有人都对公司忠诚是件非常困难的事。保罗觉得，必须用真正的利益以及真诚的感情来说服他的员工们，使他们认识到，一个公司只有在它的员工参与管理后，才能发挥效能，否则，只能是死水一潭。

保罗排除种种障碍取得的成功，表现为员工们对他所表示出的尊敬与爱戴。没有在艰难困苦的创业年代里建立起来的忠诚，公司就不可能在第二次世界大战期间迎来巨大机遇与挑战。

第三节　在不景气时期扩建

> 经营企业是一种生活方式，而不仅仅为了赚钱。

——保罗·高尔文

　　高尔文制造公司迅速发展，很快，它位于哈里森街的大楼已经容纳不下了。所以，保罗决定把一部分生产设备转移到街对面的克拉克尔·杰克糖果公司的大楼中。这时，全公司的人都有一种幸福感，似乎艰难的岁月已经过去了。

　　保罗·高尔文着眼未来，他决定建造一个新的办公楼与工厂，以安置日益增多的人员与设备。他派遣他的兄弟约瑟夫和厄尔·麦高恩寻觅一块土地。终于在西塞罗大街以东，相隔几条街道的奥古斯塔大街，选中并买下一片足够大的地。保罗以芝加哥1933年建造的"进步世纪"大厦为样本，绘出新建筑的图形，拟订了建筑计划。

　　对这个年轻的公司来说，这一扩充是一次勇敢的冒险行动。当时萧条的经济已严重地打击了收音机企业。许多新创办的公司纷纷破产。当竞争日趋激烈时，收音机的销售价格被压低，只有放在桌上的小型收音机销量较好。

　　各公司利润急剧减少的结果是，企业把注意力集中在种种削减上，而技术方面的改进此时对企业发展起不了多大的作用，工程革新也基本停滞。在这种萧条的环境中，工程技术方面的开创一般仅限于预算有限的小研究项目。

虽然高尔文制造公司走了很长的路才摆脱困境，当时他们主要制造A和B电池替代器。在当时经济紧缩的情况下，任何扩展都是危险的。

1937年1月20日，富兰克林·德拉诺·罗斯福总统发表他的第二次就职演说，在这一讲话中，他再次强调他的社会正义宗旨。他说："向美国民主制度提出责难的是千千万万美国公民。他们此刻被剥夺了今日最低生活水平所需要的大部分物品。我看到一个国家三分之一的人住得很差，穿得很差，吃得很差。"

罗斯福"新政"的很多内容都遭到保罗·高尔文等人的强烈反对。他曾几次给总统写信，他说："作为一个公民，我要告诉他我所想的。"但他对经济不景气的问题及其对人类所造成的严重后果，也有很深的感受。在他早期周游全国推销汽车收音机的经历中，他亲眼看到了人们处在水深火热之中，他也支持政府改善人民生活水平，并对一些企业大亨于本世纪初所持的贪财的人生哲学，从来都不认同。

作为新一代美国企业家，保罗·高尔文认为，企业经营的方法与原则不应同国民的福利发生矛盾。他把经营企业看成是一种生活方式，而不仅仅是为了赚钱。他认为企业家不应像希腊神话中的女预言者卡桑德拉斯那样应付危机，而应致力于让自己的企业积极地发展。

在午餐会上，保罗对一群企业家说："我们要为增加职工和扩充生产设备而努力，要为国家美好和我们所做的一切都走上正轨而拼搏。"

而保罗的一位同事粗暴地对他说："你是从困境中走出来的，可是这样你却又把自己抛入困境了，盲目的建设会让你再次一无所有。"

保罗却用冷静的态度来回答他人的警告，他筹划在新工厂完工时，在新开设的自助餐餐厅举行一次大规模的乔迁宴，与他的员工及家庭共同庆祝，他甚至找来一个管弦乐队来为他助兴。这次盛宴是在1937年4月举行的，有近千名员工及来宾参加。保罗乐观的预期似乎是正确的，因为同所有预料灾祸必然到来的人的想法相反，在员工们全部迁到新厂之前，旧的生产场地已经无法满足日常生产的需要。保罗兴致勃勃地下令在奥古斯塔进行扩建。

第四节　在困境中摸索

> 最困难之时，就是离成功不远之日。
>
> ——拿破仑

汽车收音机行业往往季节性营业，只在每年的上半年生产。到6月底，汽车收音机企业要关闭多条生产线，同时也有

一大批雇员会闲下来。于是保罗想到应该生产家用收音机来填补每年6月到12月这段时间的生产空白。

在30年代初期，高尔文制造公司曾专门为制造商生产过一批按照需求加配外壳的家用收音机。1937年春，保罗·高尔文开始思考设计一款新的、可以利用公司在汽车收音机方面已开发的新技术的普通家用收音机。

随着奥古斯塔工厂的开工，保罗·高尔文预感到公司进入家用收音机市场的时机已经成熟了。其实早在1930年和1931年时，他们就考虑过这个问题，不过那时他们的技术还不成熟，而这次，他们希望大规模地进军家用收音机领域。他的经销商曾极力支持他设计并生产家用收音机，因为这一产品也可以提供给汽车收音机的购买者。

在奥古斯塔工厂完工前，保罗·高尔文就安排了他的工程师和新工作班子，在芝加哥郊区的森林公园实验室中，着手研究开发桌上收音机、落地式收音机以及留声机等一系列产品。

在那一年，有希望研制成功的收音机新产品之一便是安装有按钮调谐器的收音机。不过，在研制过程中，难以解决的问题出现了：在整个AM波段上的所有所需点上或频道上都应该有按钮。可是，全国一共有108个AM频道，而要在一台收音机上安装100个按钮是不可行的。保罗·高尔文的要求是，安装按钮的数量不能太多，同时方便用户在108个频道中用调谐器调到想听的电台。

收音机制造商尽管长年对这一问题苦苦研究，但依旧没有找到一个好的解决方法。在1937年夏天举行的家用收音机会议上，保罗·高尔文介绍了他的新型收音机。经销商已经尝到摩托罗拉汽车收音机连续六个月破纪录的销量所带来的甜头，他们兴致勃勃地前来参加会议。他们对新型收音机的问世表示高兴，并订购了大量的家用收音机。高尔文制造公司的大卡车昼夜不停地将收音机运到经销商手中。

但没过多久，令人沮丧的消息反馈回来了。按钮调不到使用者想听的台，还有关于调声器、变压器以及其他劣质部件出现故障的怨言纷至沓来。按钮调谐的失灵以及不断出现的其他问题，使经销商的热情逐渐消失。

在努力进行革新的同时，高尔文制造公司新型家用收音机项目组的工程师们忽略了某些明显的因素。但还有更可怕的问题陆续出现，持续低迷的经济和罗斯福试图强行通过的某些法案，使人们产生了不安的情绪。

1937年后期，美国经济开始普遍下滑。即使在销售旺季，其他公司生产的收音机竟也纷纷降价出售，这使保罗感到不安。经验使他敏锐地觉察到这种现象会带来的后果。在银行倒闭的一周前，保罗·高尔文取出了现金。这笔不大不小的现金使公司继续运转下去，而未顷刻破产。

不仅如此，保罗还预感到接下来可能发生更加不利于公司的事，并及时采取了行动。他立即下定决心，削减存货。他打电报给经销商，约请他们到他的办公室开会。

在办公室，保罗发布命令："现在，赶快努力出售你们的存货。"大多数经销商开始时不相信，但保罗·高尔文不容他们置疑。他对他们说："大风暴即将来到，现在适当地降价会

使我们减少损失。"大多数经销商按照他的命令出售了存货，得以避免在情势恶化时疯狂倾销存货带来的恶果。

1937年高尔文制造公司的销售额略多于700万美元，这主要来自该年前6个月汽车收音机的销售。高尔文制造公司1938年的销售额下降到450万美元，因此，公司必须暂时解雇三分之二的员工，留下的人每周也只能工作3天。

当时高尔文制造公司经济状况的危险迹象在约瑟夫·高尔文1937年12月27日填写的公司备忘录中有记载，他说道："任何部门购买价格在10美元以上的物品时，必须经过约瑟夫·高尔文或保罗·高尔文的批准。"

保罗·高尔文为了缓减经济压力，甚至解雇了自己的秘书。之后的好几个月，他只能让簿记员打出一切他必须答复的信件，同时，他本人则亲自接听所有打来的电话。

而正当此时，家用收音机和车载收音机上按钮的研发还需要大量的投入，在这样艰难的过渡时期，高尔文制造公司能否坚持下去成了大问题。不过，后来发生的一系列意外情况又一次使保罗的公司渡过时艰。

此前，收音机行业内虽然进行着激烈的竞争，但几个大公司的管理机构通过私人接触，以及它们的组织——"收音机厂家协会"（该协会于1924年在芝加哥成立）已经让彼此非常熟悉。在研究企业问题时，保罗·高尔文同这个协会的其他成员包括菲尔科公司的一些高管，建立了深厚的友谊，他们互相尊重。

当时费城的菲尔科公司受到严重的打击，生产设备完全停

产。但是，菲尔科按照写意要求需要在尽可能短的时间内生产出大量的家用收音机。因此，高尔文制造公司成了在芝加哥被选定的两家公司之一，负责生产几千台菲尔科收音机。

于是，一群菲尔科公司的工程师进入奥古斯塔工厂，同高尔文制造公司的工程师和工厂管理人员密切合作。保罗·高尔文却宁愿保持较平稳的生产量，以便使他们的生产线保持运转直到汽车收音机订货的季节来临。

保罗·高尔文对菲尔科公司分配给他的生产量表示感谢，但他更担心满负荷生产期一旦终止，随之而来的饥饿的间歇期有可能使他们难以恢复。

然而，对于保罗·高尔文来说，幸运的是，菲尔科公司分配来的工作一直持续到1938年后期。而这时，经济情况已经转好。

20世纪30年代后期的经济危机，的确挫伤了保罗·高尔文的锐气。在这一时期，他们只能勉强维持。经过多年的努力，他建成了奥古斯塔工厂。保罗认为自己已脱离最坏的境遇，他相信，企业需要经营者坚持不懈的努力，他们绝不能让这种全国性的经济大萧条再次出现。但他对自己的经历感到庆幸，他为自己建成了一座巨大的"宝库"。这一"宝库"储藏着他经历的一切。他从来不是一味的乐观，他有的是坚韧不拔和果断。

1937年至1938年期间的经济大萧条使他投身于多样化经营与制造新产品，他由此学会了清醒地重新估价。在以后的岁月中，他将这些估价方法用来解决其他问题。后来，他不无幽

默感地说："当时我做出了正确的转移，但不巧的是时机不对。"

处于困境时，保罗就用举债的办法来缓解，虽然他憎恶借贷。甚至在之后的经营中，当公司进一步扩展需要大笔的资金时，他也从不相信借钱是好办法。保罗的会计员试图使他相信借钱是利弊均有的事情，向他说明大量举债固然不适宜，但根据公司的规模与潜力而寻求的合理贷款是有益的。他却回答说："你们这些人从来没有破产过，永远不会理解我所考虑的一切。"

1939年的一个星期六夜晚，保罗回到家，在脱掉外套和帽子前，他的妻子丽莲说要付房租、要买食物。丽莲问保罗："你身上带着多少钱？"保罗说："我带着24美元，公司只有这点余钱了。"没错，举债能使一个人度过困难期，能给人一种虚假的安全感。如果保罗在当时贷了款，那实际情况就变成：他连带回家的24美元都不是他的钱。

他的这种做法同他如何看待利润有关。他认为，对一个人或一个企业来说，赚钱不是目的，通过努力而得到满足才是目的。他还认为，企业应该把利润投入到下一轮生产之中，并时刻掌握资金的动向。

保罗·高尔文始终认为，利润是实现其他一切的手段。

保罗经常过着俭朴的生活，杜绝任何浪费金钱的行为。而一些人却不把钱用于生产，要么是挥霍滥用，要么是放纵自己。

创建公司之初，保罗在他最大胆的梦想中，也未曾设想过公司的未来。他并没有过分奢望公司能有巨大的规模与雄厚的实力。他喜爱建筑，如果当初没有涉足收音机行业，他也许会是一名热情的建筑家或建筑商。他也乐于为自己确定一个奋斗目标。他感到，制造一定数量的优质收音机和赚一笔相当可观的利润，都是他所希望的。当他们每日的产量达100台时，他却会说："现在是我们该停步的时候了。"

1936年近150万台摩托罗拉车载收音机在汽车与收音机企业售出，而1932年的销量仅为14.3万台。保罗·高尔文在这一年比以往生产出多得多的收音机，他觉得这已经是他们的峰值了。

这时，他也理解了企业运营基本规律，那就是，一个公司不是前进，就是后退，没有静止不前的时候。他把他的公司的命运同这一真理紧紧地捆绑在一起，因而他说："我们要奋勇前进！"

Motorola

第七章　**参与二战，身手不凡**

MOTOROLA

Motorola

第一节　无需合同自主开发

共同的利益把我们结合在一起。

——保罗·高尔文

1936年，保罗·高尔文带着妻子丽莲和13岁的儿子鲍勃到欧洲去旅游了六周。这是自战争结束后保罗·高尔文第一次重来欧洲，他们乘坐着意大利的邮轮"雷克斯"号。

在欧洲，一家三口常常共同分享各自的见闻。令他们特别高兴的是，他们有机会参观佛罗伦萨的艺术珍品，之后还去了奥地利、德国、法国和英国旅游。

从欧洲游玩归来后，保罗深信，战争是不可避免的，除非出现奇迹。因为当时德国的企业家们已经显现出了失去理性甚至近乎疯狂的好战情绪。他们许多人身着军服、携带着各式各样的军事装备。这一切都引起了保罗的注意，在保罗看来，这些都是战争的前兆。他对那些把德国交织成蛛网般巨大的、灯光闪烁的超高速道路的印象是这样的："它们不是为交通，而是为战争修建的道路。"

当保罗·高尔文回到美国时，他意识到，经过20世纪30年代的经济大萧条后，公司必须从事战时对国家有益的生产活动。他将一大批工程师分配到满足军事需要的收音机研究项目中。不过，高尔文制造公司对战争的贡献在1940年年初才显现出来。

《芝加哥每日新闻》的金融编辑罗亚尔·芒杰是后备军官，他给保罗·高尔文打电话，告诉他，在威斯康星州麦科伊营地进行军事演习的国民警卫队由于缺少无线电通讯联络设备而行动受阻。

于是，保罗·高尔文派他的总工程师唐·米切尔和雷·约德到麦科伊营地，米切尔看到军队背着笨重的无线电箱作为通讯工具。米切尔对美国陆军通讯部队的上校利兰·H·斯坦福说："用这种设备，军队无法打仗。我认为我们能为此做点事情，比如说，向你们供应更好的无线电设备。"

斯坦福上校记住了米切尔信心满满的承诺。米切尔回到公司，向保罗·高尔文报告在营地见到的情况，并着重强调了他的设想，他们可以制造出一种轻型的、便于携带的无线收发对讲机用于美国陆军的军事演习。没有来自军队的任何具体合同，保罗就命令米切尔等人全力开发这种产品。

唐·米切尔同雷·约德、杰克·戴维斯、保罗·史密斯以及协助他们的其他几个工程师着手工作。

任何便携式产品都存在很多问题，其中最重要的问题就是重量。军队需要的设备必须由最轻的物质（例如镁）制成。米切尔知道镁是比较新的元素，应用它有诸多困难，因而设计产品时可使用较熟悉的元素铝，它的重量在部队规定的可携带的重量限制之内。

另一问题是，在实际战斗中，由于天线的存在，敌人的狙击兵可以把无线电天线作为射击目标。解决这一问题的办法是找出一种黑色的、抗腐蚀的、不反射光线的镀镍材料作为天线。虽然有很多种黑色电镀材料，但天线必须经常拉伸，这样一来，长时间的摩擦能使黑色的金属外皮脱落，因此，相关部门必须对天线定期涂色。不久后，一种新型涂料终于被高尔文制造公司的一个工程师开发出来了，它可以抗磨损。

除此之外，在唐·米切尔领导下以及同样怀有工作热情的其他员工的出色合作下，他们成功地解决了另一个问题——一种新的产品被生产出来了，这就是著名的手持无线对讲机。它是双向的、通过晶体控制的、可携带的无线对讲机。它由一个话筒、顶部天线和内装电池构成。它的内部设有袖珍计算器以计算精确度，而重量仅仅为5磅。它通讯的可靠范围为1英里，潜在范围可达3英里。

三个月后，带着三台这样的无线对讲机，米切尔飞到佐治亚州的本宁堡，那里是正在进行军事演习的地方，他借机向军队展示这些新研制出来的产品。虽然像斯坦福一样的上校们对此有很大的兴趣，但高级军事指挥官们却怀疑这些小东西在实际战斗中能否发挥作用。不过，经过一番周折，米切尔最终还是签订了向军队发送少量这种机器的合同。

第二节　全力投产战时无线电设备

> 在现代机械化的战争中，什么东西使一些具有毁灭性的机器产生可怕的效能？是无线电。
>
> ——保罗·高尔文

手持无线电对讲机被保罗·高尔文看作是"奇异的"产品，最初它没有得到军官们的认可，这使他略感失望。但是，米切尔和约德并未就此罢休，他们继续钻研并改进无线电设备。

1940年罗斯福总统就职时看到，警察与情报人员为安全目的而使用一些手持无线对讲机。没过多久，罗斯福就给当时组织伞兵的军官写了一封推荐手持无线对讲机的信，这使无线对讲机的制造获得了强大推动力。同时，保罗·高尔文在某军队再次组织了一次实战演习。在实战演习中，手持无线对讲机的便捷性和安全性以及适用性终于得到了认可。接着，高尔文制造公司签订了许多重要合同，并立即大批量生产手持无线对讲机。

1941年7月高尔文制造公司开始了满负荷生产。他们开始大规模制造收发两用的军用手持无线电对讲机，或称

"SCR-536"（这是该产品在美国陆军通讯队中的编号）。在以后的五年中，在世界各地的每个战场上都有它的身影，近四万台无线电对讲机为部队提供了各种服务。在当时，生产这么多的产品，是现代电子工程的一个奇迹。

军用手持无线电对讲机，是一个由585个小型零件构成、以自己的能源为动力的小零件内部，安装有标准安全的发送与接收站。它们从战斗一开始就为地面部队和空军的滑翔机服务。这一装备的重要性对步兵来说尤为重要，仅次于他的步枪。军队在通讯设备匮乏的北非战场作战时，军用手持无线电对讲机显示出了自己的重要价值。

军用手持无线电对讲机除了被前线部队用以报告方位，定位机枪群体、大炮与迫击炮的攻击，还用以呼叫空中的支援与供给。军用手持无线电对讲机还被空降部队和伞兵使用。每台军用手持无线电对讲机都是完全防水的，能够在水下使用，而且不会失效。

有一次，在某场战争前，高尔文制造公司接到了一个订货单，要求在两天内，向转运站运送100台无线对讲设备，以满足"特殊的、最紧急的需要"。这个订货单不是通过军队渠道发出的，在寻求证实中，保罗·高尔文不能确定发出订货的地方。但在迟疑片刻后，他把贴有美国陆军通讯部队标签的100台无线对讲机上的标签去掉，涂上暗灰色，以代替原有的淡绿褐色，及时把它们送到了转运站。

直到许多个月以后，他才知道接收这些通讯设备的部队是著名的"卡尔逊突击队"。虽然高尔文制造公司在战争期间为

军队生产出大量的、多种多样的产品，但军用手持无线电对讲机和后来的步话机在该公司五次获得陆军和海军的"E"奖，并在战争中发挥了主要的作用。

为了感谢唐·米切尔在设计与发展军用手持无线电对讲机中所做的贡献，1944年9月21日出版的《芝加哥论坛报》上登出他们将"战争工作者奖"颁给了唐·米切尔的消息，并称之后他还将得到军队的特殊褒奖。

由于保罗·高尔文意识到无线电设备的重要作用，他激励同伴们加深对他们的神圣职责的了解："我想知道，你们之中的大部分人是否了解无线电的重要性，是否知道它是赢得战争的一个决定性因素。在现代机械化的战争中，什么东西使一些具有毁灭性的机器产生可怕的效能？是无线电。什么使今天的飞机、海军与防空的战术与战略革命化？是无线电与雷达。所以，我们的工作——也是本行业共同的工作——是生产这些宝贵的和重要的产品。"

保罗·高尔文不仅要求他的员工们达到公司标准完成任务，而且要有效地集中精力做好他自己的业务。这些额外增加的负担，一大部分落在约瑟夫·高尔文的肩上。为应对这一挑战，约瑟夫把自己弄到精疲力竭的地步。他得到了保罗·高尔文和他在整个上世纪30年代建立的强大有效的组织班子的鼎力支持与帮助。

到1942年5月，同美国的其他工业公司一样，高尔文制造公司为战争几乎竭尽全力。除生产军用手提及轻便两种无线电对讲机外，还生产同步测试仪、无线电信标台、雷达跟踪设备、自动跟踪空降系列设备、可携带的车载发送与接收设备以及雷达信标等。

除这些产品外，在原有的基础上，高尔文制造公司继续将它设备中的一小部分用于生产两用的电讯设备，供美国各地、各州及联邦机关使用。保罗·高尔文认为他的公司有责任继续为国家安全提供这些设备。战时生产局对此非常满意。

战时生产局存在时期，高尔文制造公司供应的摩托罗拉双向流动电讯设备，占其总量的85%。

第三节　丹尼尔·诺布尔发明了SCR-300型步话机

> 这是一种需要，而且我看到了它是一个还没有人抢占的市场。
>
> ——保罗·高尔文

20世纪30年代初期，少数警察部门与工程技术人员为警车安装了无线电通讯设备。芝加哥的一家广播电台曾临时打断一个连续播出的电台广播剧，目的是向全市警察广播一个紧急通知。不幸的是，芝加哥的罪犯也曾对电台广播进行监听，从而干扰收音机的报警功能并逃走。

早在1931年，高尔文制造公司的工程师们就改变了标准汽车收音机的线圈，允许收音机以高于广播的波段来接收重新分配的较高频率的警察信号。这种频率的改变稍微改进了单向的警察通讯工具，但其效能依然是有限的，因为罪犯也会随之改进他们的收音设备。

这些早期经验清楚地表明，要想发现和解决原有设计及使用中存在的问题，警察部门就必须应用大量的无线电收话机和发话机，这样才会有显著的效能。对许多人来说，这都是显而易见的。为此，保罗·高尔文打算做出一些改变，他说道："这是一种需要，而且我看到了它是一个还没有被人抢占的市场。"

1939年，埃尔默·韦弗林、戴夫·查普曼、哈里·哈里森和赫尔拜·穆斯等人正集中精力解决警用无线电通讯设备的技术、生产与销售问题。

他们以旺盛的精力扩展新部门。部门被简单地称作"赫尔拜·穆斯专门研究部"，以这一活动的主要负责人的名字来命名。这个名称高度人物化的小集团是以后被称作"警用无线电通讯部"（最终成为该公司的"通讯部"）的核心。

1940年初，保罗·高尔文在一本技术杂志上读到康涅狄格大学教授丹尼尔·诺布尔的著作，他为康涅狄格州警察局开发了FM汽车通讯系统。丹尼尔·诺布尔是建立FM系统的第一人。FM系统是为满足警察部门的特殊需要而设的。丹尼尔·诺布尔指导了FM广播系统的建造，为了使计划顺利实施，他被任命为顾问。

保罗·高尔文对诺布尔的成就有深刻印象，并开始同他接触。他发现诺布尔对从学术界到工业领域的任何永久性的推进都持冷淡态度。他们二人之间达成的最终协议是：诺布尔离开大学一年，加入高尔文制造公司。

开始时，诺布尔被少数高尔文制造公司雇员看成是一个幻想家、一位学者：因为他对价格与利润很不耐烦，对任何有碍于他纯学术研究的事情也很不耐烦。他高大的个子，沉思默想的表情，一双强有力的大手，庄严的蝶形领结和覆盖在高高的、光亮的秃头上的一些弯弯曲曲的卷发，让他显露出一副大学"书呆子"的样子，似乎这个幻想家是靠不住的，也是不能在高尔文制造公司站稳脚跟的。

高尔文制造公司早期的成就是没有上过大学而有非正统的工程技术的人取得的，他们用的是简陋的设备，例如螺丝刀与电烙铁。所以他们中一些人把诺布尔看成是"异端闯入者"。

但是，保罗·高尔文钦佩诺布尔有敏锐的洞察力，并给予他高度信任。诺布尔对比他肩膀略高并有着花白头发的保罗表示尊重与关心。虽然保罗·高尔文对任何涉及物理学的讨论的反应不那么灵敏，但他像快刀斩乱麻一样，有解决错综复杂问题的惊人能力，甚至在技术问题上亦不例外，他能抓住要害。他们经历了互相考验，并由此互相敬佩，最终结成了力量强大的联合体。

诺布尔于1940年9月初加入高尔文制造公司。那时他的工作是改装AM系统中与FM公用的部分。他不负责开发手持无线电对讲机，他同唐·米切尔一起去新泽西州的蒙默思堡，向美国陆军通讯队展示新产品。在该队的军官中，当时在场的有科

尔顿上校和J·D·奥康内尔少校，他们二人在开发通信距离更远的便携式无线电对讲机上发挥了相当大的作用。

美国参战后，诺布尔访问华盛顿时，奥康内尔上校对他说，美国陆军通讯部队有一个开发一种新型的AM便携式无线电对讲机的合同。诺布尔直率地告诉奥康内尔：这是一个严重的错误，应开发的是FM便携式无线电对讲机（步话机）。

诺布尔强烈地感到这种产品将会有广大的市场，而且高尔文制造公司能完美地胜任这项工作。由于诺布尔对公司有能力迎接挑战表现出强烈信心，奥康内尔上校签发了美国陆军通讯部队委托高尔文制造公司研制FM便携式无线电对讲机的合同。

随后，高尔文制造公司同美国陆军通讯部队的工程师在蒙默思堡举行了一系列的会议。诺布尔的研究小组，其中包括亨利·马格纳斯基、马里恩·邦德、劳埃德·莫里斯和比尔·沃格尔等人都参加了会议。

诺布尔和他的同事们不分昼夜奋力地工作着，这个出色的研究小组开发出一个设计方案，它包括一个简单的调频控制，可同时调整收发的频率，还包括一个自动频率控制，以保证无需操作人员精确调频也能使通讯畅通。他们也克服了电源供应的问题，以及晶体和霉菌问题，能使对讲机适应热带的气温与潮湿。

最后关键的接货试验是在肯塔基州的诺克斯堡进行的。在那里，奥康内尔上校主持了一个试验可携带、装车的通讯设备的各种性能的会议。对通讯设备在战争中的使用有较高决定权

的步兵部门成员被邀请来做观察员。

鲍勃·高尔文同唐·米切尔、比尔·沃格尔，为了这些至关重要的试验也来到了诺克斯堡。因为只有两个可用的型号，所以他们每晚都在旅馆中反复仔细地检查，以迎接第二天的试验。在这些试验中，SCR-300型步话机的通讯能力战胜了点火噪音的干扰，受到讲求实际的步兵和陆军通讯部队军官们的赞赏。

二战中，高尔文制造公司生产了近5万台摩托罗拉SCR-300型步话机。其中第一批产品由飞机空运出去，被同盟国军队用于进攻意大利。大量的SCR-300被运到太平洋战场。而它们最大的贡献是在进攻欧洲的战争中。在布尔奇战斗结束后重建秩序时所发挥的作用使摩托罗拉得到巨大的赞誉，他们普遍认为步话机是进攻时唯一有用的通讯设备。

诺布尔因参与开发步话机而被陆军颁发"功勋证书"。在接受这一奖励时，诺布尔强调了马格纳斯基、沃格尔、莫里斯和邦德所做的贡献。他接着说，步话机的开发同在战场上打仗的人的贡献相比较，只能算是一种学术性的实践。

诺布尔之所以于1941年作出不回康涅狄格大学的决定，是由于他知道同摩托罗拉在一起，他可以对战争有更大的贡献。他也同保罗·高尔文进行过长时间的讨论，他接受在私营企业体系中进行工业生产的挑战。

战争结束后，诺布尔把注意力集中于流动通讯设备业务。在摩托罗拉投入市场阶段，他与非常有能力的高尔文制造公司工程研究小组以及阿尔特·里斯、霍默·马尔斯和弗洛伊

德·麦考尔一起，使它成为美国国内最好的产品。从这个基础出发，高尔文制造公司通讯部在流动和可携带双向通讯设备领域中，取得了无可争议的领导地位。

1948年，诺布尔敦促保罗·高尔文在亚利桑那州的菲尼克斯搞点小规模的研究，目的是开发军用电子学领域中的新产品。他们二人都希望对国家军事方面做出贡献。他们都认为合乎逻辑的选择是：这样的作业地点应远离易受轰炸的市中心。

但与此同时，诺布尔感觉到电子学将有重要变化，其中的一个变化是：固态电子学将越来越重要。新的产品需要把许多分离的学科技术组合在一起，数学家、物理学家、冶金学家和化学家将同电子工程师一起工作，共同前进，以提高整个电子学技术的科学完善程度。

1948年，摩托罗拉（1947年高尔文制造公司正式更名为摩托罗拉公司）出现保守派的反对声，他们认为诺布尔在菲尼克斯无事可做，把他在菲尼克斯的开拓看成是"诺布尔的休养所"和"诺布尔的荒唐建筑"。保罗·高尔文本人虽然也持有保留看法，但他在战争年代中亲眼看到诺布尔对双向无线电通讯设备和军事电子学所做的贡献，所以他坚决支持诺布尔。保罗对反对者说："你们没有仔细研究过诺布尔的成就。"

1949年1月，第一个军事电子学实验室在菲尼克斯成立，它对美国工业、对朝鲜战争做出过重要贡献。

二战后，诺布尔雇用威廉·泰勒，成为他的第一个固体或半导体科学家。泰勒博士发明了一种加工程序，从而产生了大面积的中继线，使摩托罗拉成为动力晶体管的第一家生产者。

当乔·钱伯斯当了总经理后，军事电子学部的工作迅速成熟，这个部是半导体产品部和固态系统部的发源地。

诚然，在菲尼克斯建立第一个实验室的理由之一是，它是一个清洁的城市，有良好的学校，有追求发展与进步的知识氛围。这里也有亚利桑那州的气候，它具有很大的吸引力，能把技术最佳的工程师与研究水平最高的科学家吸引来。但更重要的是诺布尔对固态电子学发展的预见，以及促使这一趋势发展的愿望。

也许诺布尔像古希腊的柏拉图那样，梦想建立一个理想的社会。诺布尔也认为在组织与管理的工作中，工程师与科学家能有高水平的贡献。要做到这一点，他们必须去承担自己最终成功或失败的结果。这样一个集体必须把出"主意"的人的长处与能采纳这些"主意"的人的长处结合起来。按这种办法做下去，他们将创造出从主意到设计，从设计到生产，从生产到最终使产品到顾客手中这样一个新的规范。

第四节　战时行业主席

要冷静，并运用洞察力。

——保罗·高尔文

第二次世界大战期间是美国处于严重危机的时候，对保

罗·高尔文来说，也是他们紧张工作与取得成就的时候。此时，他的企业已幸存了十年，其中有五年时间他们处在各种困难之中，如今他终于领导他的公司在某种程度上来说稳定了下来。

到了40多岁时，中年的保罗·高尔文已磨砺成为一位具有坚强意志和果断决策力的人物。他一向生机勃勃，坚韧不拔，他已是一位精明的商人，而创业的艰难经历，也将他锻造成一位卓越的管理者，他懂得如何站稳脚跟而且有远见。他诚恳谦逊，幽默诙谐，这往往使他看得更远。

在保罗·高尔文看来，责任重于一切。他喜欢工业并对其充满信心。人们十分了解他在收音机领域所做出的杰出成就，所以推选他为"收音机厂家协会"的主席。在严酷的战争年代也一直如此。该协会的成员包含了美国大多数在收音机领域颇有影响和能力的领导者。

保罗·高尔文经常认为，美国收音机制造业是当时私营企业系统中的显著典范。这个行业内的人员并没有将"垄断性"当作保护伞，安逸地进行他们的生产活动。他们在同一市场上进行竞争——小公司多次把大公司打击到停顿的地步。他们还有高效率的大规模的生产设备、各种各样的专家和高级工程师。

美国收音机制造企业同许多相关的制造商有着久经考验而相互信任的关系。虽然它们经常生活在强烈的竞争氛围中，可是，为了公众和这一行业的利益，它们顺利地开展了真诚与出色的合作。为了共同的利益，他们经常能够一致行动。

保罗·高尔文在接受收音机厂家协会主席职务时感觉到，不论在战争期间还是战争后，收音机生产企业都应做它应负担的那部分社会工作。

保罗对那些认为收音机市场会崩溃而持有阴暗与绝望情绪的预言家说："对我们来说，这一行业出现的问题并不是新的。我们经常有这样那样的问题，将来也会经常有。不论问题是大还是小，我们都必须加以解决；有时候可能结果使我们不完全满意，但无论如何我们都会解决的。让我们脚踏实地，以保持心绪的平静。要冷静，要运用洞察力，并祈祷困难的日子早日过去。"

1941年12月随着战争的到来，保罗·高尔文表现出他作为调停人的能力，他处于相互对立的各派中间，有条有理地组织收音机厂家协会的各种会议。在这些日子里，与他同处于竞争环境中的一位同事说过："他有办法对付小的竞争者与嫉妒他的人，他会让你看到他们这些人并不重要。"

当政府开始严格控制与限制时，保罗·高尔文反对那些提出强烈抗议的协会成员，他说："我们必须安于这一事实——我们必须将私人企业的财产放置一边，至少在战争结束前，我们不再希望得到什么。"

当他试图冷静地应对他人的怨言时，他发现自私自利的人无法继续忍耐下去了。在一次会议中，当一家公司的一位有钱的副主席提出强烈抗议，认为协会对他的一种产品所规定的利润限额不合理时，保罗·高尔文愤怒地说："难道你不知道人们一年挣的钱比你一个星期赚的还少？当你为利润喋喋不休时，人家都快要饿死了！"

作为收音机厂家协会的主席，保罗·高尔文直接参与有关工资、人力、工业生产能力、材料短缺和战略物资分配等问题协商的全过程。他频繁地到华盛顿去，申请正常生产运转必需的物资。

保罗自己也有十分颓丧的时候，他在优先权委员会一次会议上说："这可能是一个轻率的预言，但我认为优先权的事情关系复杂，对我们来说，到明年这个时候，我们所有的人可能都是华盛顿某个委员会的成员。"

整个行业正如他以前痛彻地概括的那样："你只有一条路：制造收音机，或者不制造。"

保罗也会为他所感到的不公平而斗争。他在1941年6月的一次讲话中说："同许多家庭用品一样，收音机不是奢侈品。不过对公共安全来说，这一行业可是至关重要的。我们的工作是说服华盛顿一些从事分配工作的政府官员，使他们认识到收音机行业对公共安全和国防的重要性。"

保罗的公司一度全力以赴地承担着战时的生产任务，他决心在这方面树立一个光荣的榜样。摩托罗拉品牌过去曾取得过如此良好的成绩，以致战争期间在某陆军通讯队的威廉·哈里森将军向许多大公司的首脑表示，他们参观高尔文制造公司，为的是了解一个模范公司在它的研究与生产中所显示出的速度与能力，他说，在该公司人员的工作关系中还有非同寻常的"团结精神"。

高尔文制造公司虽然不是军队的最大服务商，但在所有大大小小的公司中，在技术研发、服务、发送和产品质量等方面，没有一个公司能比得上高尔文制造公司。

第五节　摩托罗拉晶体计划

> 至战争终结时，摩托罗拉发送了近0.35
> 亿个晶体，这些晶体的一半以上用于支援战
> 争。
>
> ——高尔文制造公司

收音机生产企业摩托罗拉之所以能取得如此地位，都源于其对战争中无线电设备与零件的供应。就石英晶体这一事例来看，军事通讯系统中所使用的每一台无线电收发装置都要求石英晶体保持它们的信号频率不变。平均每台约有80个石英晶体，个别装置则多达120个。

由于军事部门对通讯设备的需求量迅速增长，晶体收购问题在1942年前期突显出来。在这以前，全国晶体的总产量是每年5万到7.5万个。至1941年秋，晶体的需求量大约在60万至75万个之间。但至1942年2月底，晶体生产规划表明：需要发送300万至350万个晶体。由于现有的设备无法生产出这么多的晶体，晶体工业必须马上发展起来才能适应战时需要。

保罗·高尔文派遣埃尔默·韦弗林负责晶体规划。韦弗林

在发展足量合格的供应品方面，创造了一系列行业"奇迹"。许多生产晶体的小作坊建立起来。这些小生产者需要一个管理组织，以指导他们获得材料、掌握工程技术、进行生产；韦弗林接受了这一任务并具体指导工作，从招募受训人员、确定供应来源和收集制成的晶体到安排发送，他都亲自指导完成。

1942年12月，在韦弗林富有成效的领导与晶体生产总工程师弗兰克·布鲁斯特的协助下，高尔文制造公司有了近35个晶体制造商，而他们之中的大多数人在六个月前从未见过晶体。

截至1942年12月，通过高尔文制造公司发送的晶体以每周12.5万至15万的速率进行着；而到了1943年3月，这一数量增加到每周20万至25万。至战争终结时，摩托罗拉发送了近0.35亿个晶体，所有这些晶体的一半以上用于支援战争。

第六节　战时仍有生意做的经销商

> 和经销商紧密结合而成的良好组织，是真正的财富。
>
> ——保罗·高尔文

二战期间，保罗·高尔文所取得的另一卓越成就，是他成功地帮助他的产品批发商如战前般维持经营，而这时大多数同行都歇业了。他这样做多半是出于私人交情，当然，也由于这是桩好生意。他感到同纳特·库帕、弗兰克·卡恩斯，"荷兰人"穆尔以及所有经销商们的密切友谊，与公司紧密结合而成的良好组织一样，都是他的真正财富。

1942年5月，当政府下令完全禁止民用的汽车与车载收音机生产时，在高尔文制造公司的收音机存货清单上，依然有12.5万台新的汽车收音机，而这时已没有新汽车被生产出来了。这一年保罗·高尔文召开全国经销商会议时，面临的问题就是如何维持他的整个销售组织继续运转，使之不会因为已无任何东西出售而关闭。

在解决这一问题时，保罗想出一个绝佳的解救汽车收音机的办法。虽然收音机在汽车方面已无市场，但政府并没有限制企业把现有的家用收音机出售给消费者。

在埃尔默·韦弗林和机智的底特律销售商刘易斯·英格拉姆的领导下，公司的工程师将这12.5万台六伏电池的车载收音机，改制成家用的收音机，使其能在110伏的家用电流上使用。因为当时木材未被划为战略物资，他们就用它制作收音机的外壳。

当这些改装收音机最终制成时，它成了国内唯一可以买到的新式家用收音机。这些收音机变成许多摩托罗拉销售商的救命稻草，使他们在从和平经济转入战时经济的头几个月内，有产品出售。

当这些产品售完时，卢·英格拉姆联合维克·欧文创造出一种复杂的、转包形式的复合体，向销售商提供多种多样的待加工与出售的产品，其中包括玩具、图画、镜类、游戏设备、入墙式取暖装置、桌子、线圈、晶体盒，甚至还有晶体。卢·英格拉姆向一位销售商提供缝纫机，使他可以安排他的人完成背包制作。英格拉姆还向另一些人提供能去除工厂与汽车生产车间地板上油污的某种特殊东西。

保罗·高尔文也没有忘记他自己和企业作为供应商的任务。他受到军事部门所分配的最重要的战时生产任务的限制，公司的全部设备听从供应军需生产任务的调遣，还包括工程技术和材料配置。

由于遵从既照顾销售商又完成供应军需生产任务这一原则，保罗·高尔文以他特有的凝聚力，使已经完美的组织更加牢固。这种凝聚力在战争结束和公司迈入战后的竞争市场时，为公司带来了很大的利益。

Motorola

第八章　　实现原地转型

MOTOROLA

Motorola

第一节　和平时期经济问题

> 我害怕的是，那些游游荡荡进入我们企业而妄想轻易捞钱的人，在痛苦的体验中发现，这里不是懦夫待的地方。

> ——保罗·高尔文

早在1943年6月，保罗·高尔文就在芝加哥举行的收音机厂家协会会议上说："我们必须开始考虑回到和平时期的经济问题。"与此同时，他告诫人们，不要提出过分的要求。他说："我们中间有人正在玩危险的把戏，赞成怪诞的设计与模型。我不知道这是否由于他们坚信这能让他们获取超额利润。一些依靠广告招摇撞骗的人，在巨头们正忙于战时工作时，却以各种方式赶来凑热闹。"

保罗认为战争已经使从事无线电行业的人们懂得很多事情，他们不希望在战后立即抢到生产第一批模型的合同。因此，保罗劝告生产商们在向商界和公众陈述时能实事求是。

1944年6月，保罗·高尔文同工业界领袖和战时生产局的官员们在忙着制定一项计划。保罗认为必须弄清楚的是，对德作战结束后，战时生产局的限制法令将如何改变。这一计划必须允许工业重新进入民用生产，尽管此时他们还在为对日作战而继续着军事生产。

当意识到从军用生产恢复到民用生产的规模之大时，保罗·高尔文感到：一旦战争中他们的对德作战阶段以胜利告终，军方就不再需要全部工业设备及工人为战争工作。在这一时刻来临之前，他们就必须做好迅速转入民用生产的充分准备，以便使企业中的职工能够持续工作。

保罗·高尔文认为军事需要的大大削减将使很多工厂关闭，大量的雇员将被解雇。因此，工程技术部门必须准备从事新模型的设计工作，以填补空白。为达到这一目的，他们必须准备经营商品的计划。及早着手准备这样的计划在他看来不仅对企业重要，对公众也是重要的。

保罗·高尔文还发现，战后企业必须面对消费者对收音机的巨大需求，这将使他们的工厂忙碌多年。事实上，收音机行业的前景确实很好，战后的高尔文制造公司不会糟糕到大量解雇员工。但是，保罗认为那些拥有过剩生产设备的其他企业将会对收音机生产感兴趣。他预感到了紧迫而激烈的竞争，但他却幽默地说："我害怕的是，那些游游荡荡进入我们企业而妄想轻易捞钱的人，在痛苦的体验中发现，这里不是懦夫们待的地方。"

第二节　坚信原地可掉头

意见不一致，对本行业和国家都是好事。

——保罗·高尔文

保罗·高尔文对电视保持着最热切的期待。他认为合理的发展是，那些从事收音机制造业的人们应开发、生产与销售电视机。他知道，在何时或怎样把电视机生产提到日程的问题上人们存在着很大分歧，在频率分配和体系标准上还有许多问题。

这种预料正确与否需要等到无线电行业在战争结束和完成所有任务以后，才能见分晓。但是保罗·高尔文在他关于前景的声明中，大胆地发表了自己的看法。他说："当我们从事战后的电视机生产工作时，我们的企业将成为大企业，我们将有另一种工业，这种工业将同收音机工业一样大，或是比它更大。"

1945年5月1日，德国临时政府宣布阿道夫·希特勒已死亡。第二天柏林陷落，在意大利的德军投降。5月9日，德国的投降部队在柏林被正式接受。虽然士兵们在太平洋战场还要有几个月的流血战斗，但结局已明朗了。

在战争的最后18个月里，高尔文制造公司军事技术的着重

点已从无线电通讯转移到雷达上。战前公司对科技的改进以及雷达新技术的发展，使其在进入战后市场时，科技和制造技术都处于稳定地位。

与此同时，大量的战后调整与变动工作需要立即开始。在1945年9月2日"对日作战胜利日"之后，同无数其他公司所遇到的情况一样，高尔文制造公司几乎是第一时间接到了终止战时合同的通知，其货款总额近3400万美元。1945年11月30日，所有军事设备的最后交货全部发出。

截至1945年11月30日，该年度高尔文制造公司的销售总额为6800万美元，而去年同期的销售总额近8700万美元。

面对类似的情况，很多公司开始实施紧缩政策，有的甚至关闭工厂或削减所保留的员工工资。当时，保罗·高尔文明确地表示了他的立场："我们都知道战时工资与薪金上升了，因而有许多这样的议论：这些所谓较高的战时工资应该怎样办。对我们来说，这个问题解决了——我们将不降低任何种类的工资或薪金。我们相信只要企业做好适当的计划与管理，我们在以后的民用领域生产中，依然可以以战时的薪资标准支付给我们的员工。我知道员工们心中的疑虑，我们打算告诉他们，任何人的工资不会有任何种类的削减。"

当保罗被告知，他的同行和一些同事对他关于眼前景象的看法表示不赞同时，他答道："我们意见不一致，这对本行业和国家都是好事。"当他被指责盲目乐观时，他回答说："我们自然不能保持战时的水平——但我们也没有返回战前境况的必要。"

保罗·高尔文勇敢迅速的转变能力在1946年公司亏损的报告中有所反映。在企业由军用生产向民用生产艰难转型的前六个月，高尔文制造公司亏损了约60万美元。但至年底，亏损不仅未增加，而且有了约60万美元的赢利。这一利润是在大大小小的竞争公司遭遇严重亏损时获得的。保罗·高尔文始终认为公司能够"在原地掉头"，而1946年公司的业绩证明他确实做到了。

高尔文制造公司自豪地走出了战争，但它依然是一家较小的、饥饿的公司。在战前，它的形象完全建立在优质的汽车收音机上，虽然它也制造一些家用收音机。而今，在从事家用收音机生产业务时，保罗·高尔文在更大的范围里确定了自己的目标：增加电唱机生产，并大力发展原有的双向无线电通讯器材的生产。

第三节　大胆涉足电视机制造业

同较大公司竞争的唯一机会，是凭借真正优质的产品进入市场。

——保罗·高尔文

在申请将高尔文制造公司额外发行的股票列入到在纽约证券交易所上市的名单时，保罗·高尔文被该交易所的主席和上市证券委员会的成员就电视前景进行了严密盘问。委员会的一些成员认为保罗对电视产品的潜在市场所作的估计过分乐观，他们对此皱起了眉头。

但正像收音机行业的许多其他领导人所预测的那样，保罗知道，战后的大繁荣必然在电视机方面。而由新发行股票所筹集的资金必然会帮助摩托罗拉进入这一领域。

保罗·高尔文知道他同较大公司竞争的唯一机会，是凭借真正优质的产品进入市场。要想取得成功，一台电视机必须有完善的工艺，以便于在装配线上生产，并显示出其卓越的性能。此外，保罗还希望在电视机的设计与制造上进行大胆创新，而且能以当时电视机的相同或较低价格出售。

为达到这一目的，他让丹尼尔·诺布尔从麻省理工学院雷达实验室聘来一位有才能的工程师，乔治·法伊勒，他是对电子产品的设计具有极丰富经验的一位工程师。诺布尔安排他的团队做电视的研究与开发工作。

战前，就有另外一个摩托罗拉工程师小组在进行电视接收机的试验工作。保罗·高尔文出于一个颇为新奇的考虑，让这两个小组进行竞争，一个小组沿传统的路线进行，而另一个小组则朝一个新方向突破，目的是研究出一种新的设计。

保罗·高尔文已于1946年3月开始建立第一个战后电视"工作小组"。这时他相信，一种电视机的投产势必要和公司的其他职能部门如采购、销售、广告与营销等部门结合在一起，在这一改革中各部门无一例外地会经受考验。

第四节　在失败中成长

> 不要害怕错误，智慧往往是从错误中诞生的。你们将经受失败，此刻就下决心去战胜失败。放手去干吧。
>
> ——保罗·高尔文

除电视机外，保罗·高尔文和埃尔默·韦弗林还热衷于公司在战前及战争期间已开发的另一种产品的设计，即以汽油为燃料的汽车加热器，用在汽车的控制装置中，它能自动调温。

高尔文制造公司把大量的时间、精力与金钱投入到这一产品的生产中，而这一产品在公司为促销而印发的小册子中被称作是"令人激动的发明"。小册子中写道，这一产品的特点是，在不到一分钟的时间内产生热流，通过恒定热力控制装置以及自动热力调节装置，将温度调到50、60、70或80摄氏度。

保罗·高尔文有一种草率的自信，就如同在薄冰上溜冰的人根本不知危险一样。他断言："摩托罗拉的所有声誉都为这种伟大的汽车加热器作后盾。"

而事情发展的结果却是汽车加热器是一个成本昂贵且无法挽救的"错误"。在实际中，它根本不能正常运转，主要原因之一是他们始终未找到一种适当的方法，排尽汽油燃烧时所产

生的烟雾。

汽车加热器计划于1948年4月被取消了，公司非常不愉快地忍受了数额庞大的损失。虽然保罗·高尔文对错误未仔细推敲，他坦白承认："当我们搞出一个成品时，它竟是不中用的东西！"

在以后的岁月中，当他的一些人特别热衷于某一发展计划时，他依旧会予以支持，但也会保留余地。保罗·高尔文在批准他们着手进行开发的同时，也会冷静地警告说："让我们不要再出现另一个加热器的情况。"

保罗明白公司内创设的革新气氛与浓厚的发明兴趣会使这样的错误仍有可能产生。从他受雇于埃米尔·布拉赫的布拉赫糖果公司起，他就知道一个公司的真正潜力可能由它所设定的某种过时的机制所限定。他认为，他自己的公司之所以发展起来，主要原因是他能够白手起家、谨慎行事但又善于发明创造。

保罗说："我们必须尝试各种途径。当年我们没有赞助者，没有钱，也没有企业。1930年时，从保守的观点看，生产汽车收音机这一主意是很不受欢迎的。人们说：'谁要安装汽车收音机？它会使你的汽车遭殃！'正出于这一原因，我们的企业吸收了那些希望在新行业成长的一批年轻人，并愿意碰碰运气。年轻人的热情，加上我们对音响技术的重视，使我们发展起来。有时热情使我们犯了花花公子所犯的错误，但如果没有热情，我们绝不会幸存下来。"

和创造世界名牌的人

一起放飞梦想

Let the dream fly

第五节　在电视机市场崭露头角

认准时机，及时准备，立刻行动。

——保罗·高尔文

　　如果说汽车加热器是一场灾祸，那么，敢于从事电视经营就是另外一回事了。美国无线电公司推销的10英寸电视机成了这一行业的标准。它是一款优秀的设计，使用了较大的元件和谨慎的专用电路。但是，它的零售价超过了300美元。

　　虽然，美国无线电公司为高尔文制造公司树立了一个成功的产品生产模式的榜样，但也必然有其他公司会跟风而上。而一度在家用收音机市场上失败的高尔文制造公司，如果想在与电视机相关的领域出人头地，就必须做出与众不同的事情。

　　此时，在家用产品副经理沃尔特·斯特尔纳的指导下，两个互相竞争的电视技术研究小组都交出了卓越的设计，雷·约德负责的小组为公司生产出一种产品，即VT–101型电视机，其设计不亚于美国无线电公司。另一个以乔治·法伊勒为总工程师的研究小组，提出了一个有特色的新建议，由此研制出VT–71型电视机，这就是1947年的"金色影像"电视机。

　　VT–71型电视机是上等的小型精品，它的屏幕大小为7英寸，重25磅，可以很容易地从这一间屋被搬到另一间去。它使用新的电路，是第一个内载波伴音的，又具备先进的偏转电路静电显像管，有着经过巨大改进的高压电供应和廉价的七个频道开关型频率调整器。

当这一型号的电视机开始在实验室试验时，保罗·高尔文对产品销售及市场策略已胸有成竹。他感到这种电视机给摩托罗拉提供了以大大低于这一行业最低价格销售优等产品的真正机会。

在公司业务处于最重要转折点的时候，保罗·高尔文在公司的战略与计划上添加了重要的一笔。他认识到，在未来的电视机竞赛中，将他的经销商置于主要地位的时刻到来了，这一工作必须在开始时就能迅速得到突破。因为一旦每个生产公司有了立足之地，到那时即便花许多倍努力与投资也只能慢慢挤入市场，高尔文制造公司的资源依然有限，因而它不能经受耗时耗力的长期竞争，何况后果如何还难以确定。

保罗把他的管理人员召集到一起，并宣称，摩托罗拉要在电视接收机生产的第一年，售出10万台。出席这次会议的一些人认为这一宣告近乎疯狂。而对另外一些人来说，这是可怕的梦想，他们对能否达到目的表示怀疑。当他的一个同事几年后就这一问题重新进行讨论时，许多人依然表示反对，并情绪激动地说："我们的新电视机工厂没有这样的生产能力。"

保罗·高尔文却坚定地回答说："一个工厂所能生产的总比你想象的要多。我们的工厂能做到。"

另一人说："我们绝不能售出这么大数量的电视机。这将使我们的企业居于第三或第四位，而我们的家用收音机生产充其量是第七位或第八位。"

保罗·高尔文说："我们会达到目的，因为我们有了一种优等的产品，我们正在拟订的价格将引起轰动。"

为了产生戏剧性的效果，他停顿片刻，然后继续说："价格将是179.95美元，我们对我们的经销商还有一个很好的折扣。"

一位工程师抗议道："我们甚至不能肯定我们的成本是否能少于200美元！"

保罗·高尔文断然回答说："就是这个价格。我已决定就是这个价格了。你们在这一价格及这一销售量上为我提供利润之前，我不要看任何成本核算表。我们要努力奋斗，以达到这一目标。"

保罗·高尔文的特殊才能之一就是他有洞察全局的能力。正是这种才能，让他有一种确定可完成重要目标的直觉。他一开始就认为可办到的事情，在他人看来常常是不可能或近乎疯狂的想法与行为。

VT-71型电视机的销售计划与1934年保罗·高尔文决定以每台49.95美元的价格出售摩托罗拉汽车收音机时相同。虽然他的大多数职工认为做不到，但他对他的公司比他们对自己更了解。他要说的是："我们可以做到赢利。"他总是感觉到当时的汽车收音机以49.95美元的价格销售正合适。而在一年以前，这价格做不到，一年之后，又太晚了。

在经营中的确有认准时机的技术问题，须及时准备，及时采取行动。这种看准时机的能力是保罗·高尔文的特殊才能。正如他首次承认的那样，虽然难以永不出错，但他屡次都正

确，这是令人吃惊的。汽车收音机的时机被他抓准了，VT-71型电视机的时机也被他抓准了。

开始时，人们对VT-71型电视机的反应是既惊讶又勉强称赞。当时参与这一设计的工程师加思·海西希回忆他将这一产品交给马萨诸塞州萨默维尔的一位商人，并显示其性能时，这位商人不愉快地承认它质量极佳，但他表示："刚刚售出的具有竞争力的电视机的价格是650美元，那么，为什么要以179.95美元的价格推荐顾客购买摩托罗拉电视机呢"？

幸运的是，这位商人的反应并不具有普遍性。大多数经销商因来自顾客的第一次热情的响应而激动，就和推销人大吹大擂时所引起的激动一样。他们认识到，他们能够售出的这种电视机的数量巨大，其利润肯定大于销售价格昂贵的电视机很多倍。当VT-71型电视机流行时，它夺取了很大一片市场。在几个月内，摩托罗拉已在生产电视机的工厂市场占有排行榜中，猛升到第四位，距离这一行业主要三家生产厂家已近在咫尺。

Motorola

第九章　巩固品牌地位

Motorola

第一节　坚持品牌独立

> 对我们来说，这是一个机会，我们如果
> 迅速行动，将能得到一单生意。
>
> ——保罗·高尔文

对保罗·高尔文来说，商标名称的重要性及它代表的一切东西都是他的宝贵财产。许多次的重要决定都与"摩托罗拉"有关，在公司的形成时期这一名称帮助它克服了困难。因此，1947年高尔文制造公司正式更名为"摩托罗拉公司"。

以摩托罗拉作商标的第一个产品是汽车收音机。它是通过推销商和中间人作为一种附属品在"售后市场"卖给购买汽车的人。人们在买汽车之后，再买它。大多数新的汽车的部件都是作为附属品，而不是在汽车制造商提供的原始货品中就已存在的。前大灯、车尾行李箱、备用轮胎、车挡，所有这些东西在它们变成汽车的标准配件之前，都是作为附属品出售的。

到20世纪30年代中期，汽车制造商注意到这一事实：摩托罗拉开始出售汽车收音机，并渐渐流行起来。高尔文制造公司生产的摩托罗拉汽车收音机销售量从1930年的3.4万台和1932年的14.5万台猛增到1934年的78万台和1935年的119万台。汽车制造商决定自己供应收音机，作为可选择的配件。

在寻找供应货源时，一些制造商首先找到了高尔文制造公司，希望高尔文制造公司能为他们代工生产，保罗·高尔文礼貌地拒绝了每一次这样的建议。直到1935年，一个重要的汽车制造商再次找到保罗，建议他重新慎重考虑此事，并承诺会给高尔文制造公司提供大量的订单。

保罗·高尔文花费了很长时间来考虑他要做出怎样的决定。固然，这些骤然增加的订单会使这家小公司得以持续发展，并进入良性循环，从而使贷款和资金都不成问题。但伴随这些订单的条件是，制造商不用摩托罗拉的品牌。这样一来，保罗·高尔文可能将变成一个没有自己标识的生产者，只能按照别人的要求进行批量生产。可以肯定的是，如果他接受制造商的建议，公司在经济上有了安全的保障，这也会使他的家庭逐渐富足；然而，这就必须牺牲他曾艰苦努力取得的品牌，也顾不上多年来与很多经销商朋友们建立起来的经销组织了。

保罗带着丽莲与鲍勃又做了一次旅行，这次旅行对他们的未来产生了重要影响。正如1930年他们驶向大西洋城那样，如今他们驱车前往底特律。保罗·高尔文去参加同汽车制造厂经理们举行的会议，直到那一刻，他还没有拿定主意。

多年后，他对一位朋友说："那是我一生中最难做出的决定之一。我想我是疲劳得糊里糊涂了，那条安全路如今看来仍很引诱人。"

那天，当他返回车中，同丽莲与鲍勃又聚在一起时，他平静地对他们说，他已经推掉了那个汽车公司的生意，并决定同他的产品和他的经销商共进退。

多年后，他的一位经销商在一次研究销售问题的会议上对他说："那时，我心中没有任何怀疑，我认为你做出了最正确的选择。"听完后，保罗故意嘲笑他说："你真是事后诸葛亮！"

但到1947年时，情况变了。之前，保罗一直不愿伤害经销商的利益，他始终认为经销商的收入少得可怜，而这时他们已比较富足了。此时，摩托罗拉产品的多样化使他们的经销权成了一项很有价值的财产，而汽车制造商们也已建立了他们的汽车收音机的最大的、独立的销售系统。越来越多的汽车在出售时就配有收音机装置。只是在战后的头几年中，新车缺乏，汽车经销商需说服他的顾客接受汽车收音机作为附属品安装在车内。

对1947年的汽车收音机销售负有责任的保罗·高尔文和韦弗林认识到，他们的经销商抢先占有了很大一部分汽车收音机市场。保罗认为，对摩托罗拉来说，在原配件供应商中占有一席之地是有利的。额外的销售量有助于公司继续成为所有产品的低成本生产者。在他们努力在底特律试销时，突然发生一件事使摩托罗拉有了重大突破。

底特律的德特罗拉公司和福特汽车公司签订了生产汽车收音机的合同，不过产品的生产不时停工，产品也被故意破坏。"德特罗拉-福特问题"成了这一行业的公开秘密。德特罗拉损失不小，而福特也没得到自己需要的收音机。

保罗·高尔文对经营汽车业务的少数高级人员说："对我们来说，这是一个机会，我们如果迅速行动，将能得到一单生意。"

德特罗拉的管理人员和保罗·高尔文进行了一次谈话。保罗告诉他们："我们打算一股脑儿把你们买下。问题在于福特是否给我们一个机会，使我们按今年的标准成为它的供应商。"

在福特同意后，保罗·高尔文迅速行动，按合同满足需要。为了使这一收购尽可能不费力气，尽可能不被破坏，保罗安排德特罗拉公司于星期五下午晚些时候在它的通告牌上写明"工厂于下星期一不再开工"。摩托罗拉的人于星期五夜晚进入德特罗拉工厂，迅速搬走凳子、工具和存货。他们把所有的东西都装上卡车，安置在公司的芝加哥分厂。星期一早晨，保罗派遣有经验的操作人员做好工作的准备，摩托罗拉就这样按程序生产，没有损失一台收音机。

这一出人意外的行动成为一个楔子，使摩托罗拉汽车收音机业务得到极大的扩展。在这以后的日子里，该公司生产出福特和克莱斯勒所需汽车收音机总量的一半和美国汽车公司在这方面的全部需要量。

第二节　迅速成长的摩托罗拉

现在就是时候！

——保罗·高尔文

　　1950年，摩托罗拉有了跨越式的发展。1950年6月25日朝鲜战争爆发，公司开始投入大规模的军事生产，在短时间内，有近1600名雇员从事军工劳动。与此同时，消费者市场的需求也猛增。人们害怕再次经历生活资料受限制、定量分配与货物紧缺。他们担心物资短缺于是开始大量抢购商品。

　　摩托罗拉公司的销售总额从1949年的8200万美元增加到1950年的1.77亿美元。到1951年，当第二次世界大战那样的大量转向定量分配的现象并未出现时，公众需求迅速下降，摩托罗拉的销售总额减少到1.35亿美元。

　　1953年7月27日朝鲜战争结束，美国社会迎来了一个迅速增长的时期。摩托罗拉公司为警察与消防机构供应的对讲机及民用双向收音机使工业用途的生产既取得了领导地位，又有很大的销售量。此时，美国公众倾向于购买新产品或改制品，彩色电视机的热潮横扫美国社会。

　　到1954年，摩托罗拉公司的销售总额超过了2.05亿美元。在黑白电视机行业，摩托罗拉的生产量居于全美第四位。为了

能称霸彩色电视机行业，各生产企业从1942年到1953年12月间展开了长期严酷的竞争。

从一开始，摩托罗拉就支持美国无线电公司所采用的兼容制标准（彩色电视机和黑白电视机都能收听广播），而未采用哥伦比亚广播公司的非兼容制设计，虽然摩托罗拉的工程师在战前曾仿制过哥伦比亚广播公司系统使用的模式。

在1948年向黑白电视机行业勇敢进军而取得成功之后，保罗·高尔文对彩色电视机时代的来临保持警觉：一旦时机来到，就向前迈进，使自己在这一行业的地位上升一级或二级。各种条件向他表明：另一次突击行动有可能取得成功。

已经获得成功的美国无线电公司系统，采用的是15英寸圆形屏幕的带"阴罩"的彩色显像管。1954年3月，他们以995美元的价格，将第一批落地式彩色电视机投入市场。哥伦比亚广播公司急忙藏起它的非兼容制系统，也开始设计有19英寸圆形屏幕的兼容制"阴罩"显像管。大多数彩色电视制造商也乐意使用哥伦比亚广播公司的"阴罩"式彩色显像管来生产"大屏幕"的电视机。

摩托罗拉对哥伦比亚广播公司的显像管进行了研究。公司根据计划与策略，决定首先引进与销售大屏幕彩色电视机，其价格在1000美元以下——实际上是895美元。虽然保罗·高尔文和他儿子鲍勃（当时的常务副总经理）赞成这一决定，并极力发展这一计划，但摩托罗拉管理机构有部分强烈的反对声音。他们问道："现在是把彩色电视机提上日程的时候吗？"

保罗·高尔文以他自己提出的问题作为反应："何时才是

时候呢？"然后他自己给出答案："现在就是时候！"

保罗认为一直以来缺少令人满意的显像管这个最大障碍已被哥伦比亚广播公司清除，其他的阻碍（例如色彩不清晰）将于两个月后得到解决，那时彩色电视机计划要加速进行。但是当时彩色节目匮乏，电视台服务不到位，显像管还不够好，以及电视机的价格太高，所有这些因素合在一起，使市场发展受到限制。

最后在1956年，由于生产技术没有重大的改进，饱受折磨的保罗·高尔文从彩色电视市场撤退了。他把注意力转向其他更有市场的消费品领域。在他的鼓励下，公司大胆地开始生产高保真度的唱机经营。

第三节　利润分配计划

> 确保企业发展的有效方法之一是实实在在地加深雇员与公司之间的利害关系。
>
> ——保罗·高尔文

在第二次世界大战爆发后的几年里，保罗·高尔文在自己的企业中加入了竞争机制。他认为，一个公司必须要有过硬的设计与研究。他也着重强调："确保企业发展的有效方法之一是实实在在地加深雇员与公司之间的利害关系。"

在1939年至1947年期间，向职工分配丰厚的红利时，保罗·高尔文就注意到，这一措施的有效性在于提高雇员的安全感。但是接下来出现的情况是，钱一到手员工们就都花掉了。

1940年他向约瑟夫提出，公司应该制订一个计划以抵制这种花钱现象，办法是：给部分职工以持续获得红利的机会，或者是为他们制订一个退休计划。他们草拟了相关文件，并提交给公司的股东们。但是，出人意料的是这一计划遭到了否决。

保罗仍继续强调公司对这样一个计划的迫切需要，承诺"红利计划和退休计划将会为所有摩托罗拉雇员的未来服务"。保罗·高尔文认为他的雇员不应当把这种保障看成是应有的权利，而应看成是用劳动换取的福利。他在谈到这样一个计划时，总是把它说成是"以劳动换取的保障"，他特别着重强调了"以劳动换取的"。

当国家颁布"联邦社会保障法"时，保罗非常冷静地对待这一政策。他认为，像懒虫一样依赖政府提供保障的行为，必然会逐渐损坏人们的创造性，腐蚀企业。而与此同时，他认为私人公司对社会福利与保障都应负有重大责任。

此时掌管摩托罗拉财务的副总经理乔治·麦克唐纳和保罗·高尔文一起研究当时实行的利润分配计划。保罗对这些计划并不满意，因为他们没有提供保罗认为的必要的保障措施。同公司管理顾问与法律助手磋商后，公司最终出台一个相对合理的利润分配计划。

保罗·高尔文决定在当地一个大厅里连续五个晚上举行会议，亲自向全体职工及其家属说明这一"利润分配计划"。保罗认为这种事情有很重要的意义，他需要亲自宣布。

会议开始的时间比约定的时间推迟了30分钟，2000名被约请的人中，只有16人到场。保罗·高尔文惊呆了，他不无怒意地认为他的约请遭到了拒绝。他问鲍勃："这意味着什么？难道是他们在告诉我，我应当滚开了？"

鲍勃同样感到迷惑不解与忧虑，因为没有任何理由造成这一局面，他认为出席人数之所以稀少，是由于开会之前下了雨。"雨？胡说八道！"保罗说，"明早我要弄清楚的第一件事是：是否我们将要开始一场革命。现在我要认真地向到会的16个人说明这一计划。"

第二天早晨，鲍勃让员工福利经理沃尔特·斯科特派遣工头们去核查他们的员工为何未出席这次会议。工头们回来向沃尔特·斯科特作了报告，斯科特将报告交给鲍勃，并告诉他："人们只是没有看到有参加会议的必要性。他们几乎是不约而同地说，如果工会主席认为利润分配计划是为了他们的利益，他们觉得没有必要召开这样一次会议。"

员工们的行动证明了保罗·高尔文的判断。他接受了工头们的报告，并在这一基础上认为这一报告是反映实际情况的——他们对已拟订计划的通知已于会议召开几周前分发给员工。保罗甚至隐藏不住他满意的和感动的心情。其余的会议被取消了，只发给员工们一本利润分配说明书以便人人都能对此有清楚的了解。新计划确立的那一天，除两位雇员外，所有的人都在上面签了字。

但在当时的电子设备行业，摩托罗拉公司依然是较小的，因此，每年它都必须吃力地应付财务正常开支。保罗强作镇定，批准了在公司取得最低利润之后，公司以其纳税前收入的20%，作为利润分配基金。同这一领域已有的标准比较起来，这是一个骇人听闻的数字。同行竞争者中，有些人满不在乎地对保罗说："你今天如此慷慨，可是总有一天，你会放弃公司的经营，连同你的脑袋！"

雇员储蓄与利润分配基金计划于1947年12月1日生效，加入这一计划的有2067位成员。到保罗·高尔文去世的1959年，基金总值超过了4500万美元。每年最多拿出200美元的一名原始会员，经过第一个12年后，他在公司账面上所拥有的钱就有16000美元。在这12年中，他的储蓄贡献是2400美元，基金使这一参加者受益近14000美元！据当时员工们的估计，在1972年这一计划实施25周年之际，原始会员会有超过50000美元的账面存款。

第四节　人际关系计划

集中精力，搞好工作，开拓市场，这是为公共事务服务的最好方法。

——保罗·高尔文

摩托罗拉的利润分配计划成了其他公司实施的许多类似计

划的范本，而这一计划成了保罗·高尔文继续建立更强大的和内容更丰富的公司人际关系计划的基础。

保罗经常关心他的工作人员的福利状况。1947年，职工总数达到5000人时，他开始意识到，摩托罗拉"家族"已发展到如此巨大的规模，重视"人"已成为极重要的事情。

保罗·高尔文很乐意保持原有的通过个人接触的自由的交谈方式，但他不可能全部记起他5000名职工的个人姓名，也不可能亲自了解每个人的状况。

1949年时，保罗·高尔文在公司建立了人际关系部，由肯尼恩·派珀任该部领导。他是有经验的企业关系高级职员，现在他有条件经常审核工资水平、固定工资以外的福利、文娱活动计划、出版以及针对职工的其他许多服务。但保罗还是会经常强调必须使这些服务"落实到个人"，以防止它们变成一纸空文。

在忙碌的工作时间，保罗·高尔文没有忽视公司范围以外的、他对社会应负的责任。作为马里莱克·豪斯成立的伊万斯顿医院协会董事会的一名董事和洛约拉大学校委会的一名成员，他担负起了自己应负的责任。根据教皇庇护十二世的命令，他被授予马尔他爵士与圣格雷戈里爵士的身份，这是教廷能颁赠给天主教以外人士的两个最高荣誉。

一次，芝加哥天主教的红衣主教为洛约拉大学的医学院举办重要筹款的餐会。在这一餐会举行的两周前，保罗·高尔文召集很多朋友，给他们每个人分派了一部分"任务"。在餐会举行的一周前，餐券就卖光了。为了进一步鼓励这位红衣主教，他还匿名地支付了这次餐会的全部费用——约16000美元。这天晚上，红衣主教表示了他对"我们的匿名施主"的赞扬。保罗特别喜欢和修女们交往。在谈到她们之中的某一人时，他经常说："如果她能是一个男人，我一定要她成为我们公司的一名高级职员。"

保罗是一位毫不吝啬地帮助别人的人。他帮助过很多青年学生读完一年或两年大学课程，但从不声张。他知道学习的机会对于一个人来说多么重要。

除家庭外，摩托罗拉也是保罗的生活重心。和芝加哥的其他显赫人物不同，他并不想涉足政治。他决不在市内进行筹款活动。他认为他能尽力做好的分内事情是集中精力做好工作，开拓市场。他并认为这是为社会服务的最好方法。

尽管如此，1951年洛约拉大学仍授予了保罗法学荣誉博士学位。1956年，电子工业协会表决通过，赠给他荣誉奖章，这是该协会赠给对电子行业有突出贡献者的最高荣誉。

在颁给他这一奖章时，电子工业协会主席说："很少有人有这样的活力与能力，而这种活力与能力使保罗·高尔文在这么长的时间里，专心致力于与广泛的电子业有益的活动，与此同时，他还建立起一个企业，一个从只有一点点钱到有成百上千万美元的大公司。但他看起来还从容不迫，从不烦恼。"

Motorola

第十章　携手并肩，薪火相传

MOTOROLA

Motorola

第一节　亲密伴侣

> 如果说夫妇能共患难，那么我和丽莲始终同心同德。没有言语能够描绘出我们之间的爱情有多深厚。
>
> ——保罗·高尔文

保罗·高尔文从不怀疑他命中注定要有自己的成功事业。他毫不动摇地向这一目标进军。有时他的行为会使周围的人紧张不安，但对于妻子丽莲和弟弟约瑟夫来说，这些表现再正常不过了。

早在哈佛镇上中学时，保罗·高尔文就结识了他的妻子丽莲·吉南。他们在听乐队演奏时偶然相遇了几次，这位美丽活泼的姑娘引起了保罗的注意。保罗偶尔也会约别的女孩儿一起外出，但是在中学时期和在伊利诺伊大学的两年以及入伍服役期间，他都和丽莲保持着密切联系，他一直钟情于丽莲。

1918年，在法国时，保罗在给父母的信里提到丽莲送给他的水果饼和家常小甜饼，甚至在信末他还加了一句真诚的赞美："这姑娘真会烤饼！"

1920年4月24日，在哈佛镇的圣·约瑟夫教堂，保罗与丽莲举办了婚礼。因为他们已融洽相处了很长一段时间，彼此十分了解，所以丽莲非常理解保罗，支持他在某一领域内奋斗，并取得理想成绩。

一家人在哈里森街工厂西边的马尔什菲德大街住了一阵子，然后迁到芝加哥北区，住在罗杰斯公园的一处公寓里，一直住到1934年保罗在埃文斯顿的诺曼底镇买下住房为止。

丽莲驾车在诺曼底镇街道上行驶时发现了这处房子，他们选中了此处。这一次房屋购置明确显示出这个家庭的财富在增加。当她看到这处她喜欢的房子时，便贸然走到门前，按铃询问主人它是否出售。开门的主妇对她出乎意外的询问感到惊讶，答道："是的，但我们还没有将它出售的消息公布。"于是，三周后就成交了。

保罗不是那类喜欢干家务或种花养草的人，但他乐意在他工作之余静静地消磨时间。他们的朋友圈子很小，但都很密切。每当节日来临时，常会有特殊的聚会，渐渐地，来访的亲戚朋友增多了，他们的家使人感觉温暖，是最适合亲密聚会的场所。

也许是由于每次聚会他们都能回想起早年的苦日子，因此，丽莲筹备这些聚会时很热心。保罗每次都称赞她的努力，对客人说："她真是拿得起、放得下的一把好手。"他们两人都特别喜欢社交和聚会，他们喜欢做游戏、打扑克、跳舞，总之，在圈子里非常活跃。

丽莲长得苗条、可爱，娇小玲珑，热情洋溢。她和保罗·高尔文特别亲密，他们极少有争吵与意见不合的时候。她也不愿对保罗的生意指手画脚，即使有时她的想法是正确的。

如果说保罗·高尔文是丽莲的保护伞，那么对保罗来说，丽莲是他的灵感泉源，而且最重要的是丽莲是他风趣和可爱的伴侣。他们一起去剧院，一个月有一次或两次在一家较好的芝加哥饭店就餐并跳舞。他们共同欢度这些夜晚。

一次，保罗·高尔文对一位密友说："如果说夫妇能共患难，那么我和丽莲始终同心同德。没有言语能够描绘出我们的爱情有多深厚。"

丽莲每一个生日来临时，保罗都送给她一张有丰富思想内容的贺卡。她后来谈到有一次，毫无理由地，他送给她一束鲜艳的玫瑰花，花束上的贺卡上写着："向您致以我永生的感激与爱意。"

第二节　并肩奋斗的兄弟

人的力量是强大的因素。

——保罗·高尔文

保罗创业成功离不开弟弟约瑟夫·高尔文的鼎力相助。每当他外出考察或旅行时，他都能睡个安稳觉，因为他知道约瑟夫在全心全意管理着工厂。约瑟夫一生都在支持他。

约瑟夫是一位有丰富的智慧并且精力充沛的人。他非常尊重和向往警察这一职业，如果让他自己选择，他希望能成为一

名出色的警察。但是他并没有做那样的选择，因为，他没有他哥哥保罗那样有远见、有能力、有节制，也不善于独立成就事业。约瑟夫从小就在哥哥保罗的带领下成功地做过很多事。所以与当警察相比，约瑟夫更希望能与哥哥保罗一起奋斗。

自从保罗在马什菲尔德合伙创建斯图尔特-高尔文电池公司时起，约瑟夫就决心同他哥哥并肩奋斗。他工作很勤奋，每当结束一段紧张的工作后，他都会去放松一下。那时他常常同工厂的一些男同事出去狂饮。第二天清晨他照常工作，并期望别的同事也能和他一样。

约瑟夫对摩托罗拉公司的成长与发展的贡献是巨大的。他的责任心、热情，以及他的真诚，所有优秀品质都有助于弥补保罗因一时武断而犯下的错误。

公司创办初期，保罗曾向许多材料供应商欠下大量债务。收音机厂家协会信用委员会曾考虑对发展中的高尔文制造公司的资产采取法律强制手段。多亏约瑟夫，坐下来心平气和地同收音机厂家协会的成员进行谈判。经过一系列会议与磋商，他们同意不再采取任何行动。他通过向协会成员们充分、公开地通报公司的业务及经营方向等办法，终于成功地让协会成员让了步。

保罗和约瑟夫互相取长补短，相得益彰。

保罗是一个谈判专家，关键时刻，他坚韧不拔，公平而有礼貌。他有超乎常人的语言能力，还有他的诚恳态度常给人以深刻印象。材料商认为他言而有信，与摩托罗拉公司签约。这时保罗就会要求材料商写下一个字据，"说明你已同意按照约定的供应量，在约定期限内，将材料提供给我"。于是这一字据就变成一个强有力的楔子，它使保罗有机会打入另一家公司。

保罗拿下签约后，约瑟夫就会以兑现合同上的承诺作为一项荣誉来全力完成。约瑟夫保证工厂工人全力工作，来完成所有订单上规定的应交付的产品。他告诉员工："保罗已通知这些单位于下星期一取货。我们要在这一期限前生产出合格产品，不要让他栽跟头。"

久而久之，"信守承诺"成了摩托罗拉公司从未改变的经营理念。以后当摩托罗拉各厂遭遇到挫折时，工厂中的人员出于对约瑟夫和保罗的敬重，他们下定决心在公司里与他们同甘苦，共命运。

约瑟夫·高尔文宽宏大度的故事至今仍在摩托罗拉公司中流传。在一条生产线上作业的一个女孩，她父亲也是摩托罗拉公司的雇员，身患癌症，在家养病。约瑟夫·高尔文叫这个女孩回家照看她父亲，并按照标准照发他全部工资。有时他还从自己的腰包中拿出钱来，为雇员的儿子或女儿缴纳学费，或是为困难的雇员的妻子交纳分娩费。这些慷慨解囊的行为不仅仅表现在职工遇到困难时，在日常生活中也不例外，只要员工们有困难他都会尽力帮助解决，好让员工们可以安心工作。

比尔·阿诺斯是一位在摩托罗拉工作多年的采购人员，他回忆在经济最不景气的时期，他因牙病而耽误了紧急的工作。约瑟夫看到痛苦不堪的他之后，马上把自己牙医的姓名告诉阿诺斯，并叫他立即去看医生。医生建议他手术治疗，可是手术费用是200美元。在当时，这是只有普通工资收入的人无法支付的。不过，阿诺斯从未见到账单，他每次向约瑟夫询问时，得到的回答总是："我会让你偿还给我的。"几年后，阿诺斯的生活有了改善，他直率地告诉约瑟夫，他要偿还约瑟夫代他支付的那个账单。当约瑟夫问他为何如此关心这件事时，阿诺斯回答说，还钱是为了使约瑟夫能帮助其他雇员医好病痛。只可惜在1944年3月7日，约瑟夫过早地离开了人世。

底特律代销人刘易斯·英格拉姆到奥古斯塔大街公司办公处来办事时，发现多年的雇员、看门人弗兰克·邓恩泪流满面，便问："发生了什么事？"弗兰克·邓恩说："约瑟夫死了，我们的约瑟夫死了。"

1959年保罗·高尔文逝世后，工人们非常怀念他和约瑟夫·高尔文，几乎所有老雇员们的办公桌上或办公室的墙上，都有保罗和约瑟夫的照片，这是他们对这两个人表示自己敬爱之情的生动证明。

第三节　意气相投的父子

> 你应该试一下。你思考一下，然后做你要做的。
>
> ——保罗·高尔文

许多人梦想着他们的儿子们有无限美好的前景。他们把孩子看成是自己生命的延伸，延伸到他们没有到过的高度。父亲的影响能以某种方式体现在他儿子的生活中，但儿子却绝不能影响到他父亲的生活。由于这种由来已久的不和谐，父子间经常产生矛盾甚至"战争"。

保罗·高尔文和丽莲只有一个孩子——鲍勃·高尔文，他在1922年10月9日，也就是马什菲尔德的电池公司破产前不久出生的。鲍勃同他的父母亲从马什菲尔德到芝加哥做了第一次极不愉快的旅行。鲍勃在8岁时，同父母一起去大西洋城旅行，他沉默地坐在汽车的后座上听着父亲保罗·高尔文或是母亲丽莲向缺乏热情的经销商们讲述这台未经证实的汽车收音机的优点。

保罗·高尔文极爱鲍勃，他在自己的整个生命中一直以儿子为骄傲。

诚然，在公司成立后的头几年里，保罗把大把时间和精力用在处理公司事务上，因而很少有时间跟儿子在一起。许多个晚上，鲍勃只能同他妈妈两人吃饭。

但是，每到星期日下午，当保罗·高尔文不需要外出时，他就带上鲍勃去加菲尔德公园，在小湖边散步。然后他俩一起去消防站。他们乘坐的公共汽车去消防站要途经运河道并走完华盛顿林荫道全程，距离之远仅次于去"西北仓库"。

几个月来，每逢星期日，他们都去参观消防站，前来同消防人员认识。这些消防队员让鲍勃攀登上机车，坐在大轮子后面。玩到最高兴时，一位消防队员和鲍勃一起从杆上滑下。有一次在下滑中他们遇到了不幸。当他们滑过中间的一层时，鲍勃撞破了头。所幸的是，鲍勃因为此事变得更加坚强勇敢。

星期天下午父子二人的消遣时光对他们都有特别的意义，大多时候父亲和儿子都能从中得到许多乐趣。保罗·高尔文给鲍勃买了全套消防队员的装备。

鲍勃常能回忆起当时的一次特别经历：有一次，保罗带着身穿消防服的鲍勃进行火灾演习。他们尽量靠近消防设备与消防队员进行实地操作，大声喊出自己的想法，不想却被噪声掩盖了。

35年之后，鲍勃依然能记起这些活动，回忆在消防站的体验给他带来的快乐。当鲍勃长大些后，保罗·高尔文开始选择在一些外出经营活动中带上他。

一起旅行是保罗·高尔文用来弥补他很少陪在儿子身边的一种方法。也许这是一种比较聪明的办法，使这个孩子熟悉他自己，并对有目的的活动逐渐产生兴趣。

保罗使鲍勃有一种想要接触全部经营活动的强烈愿望，而经营活动是他自己生活中至关重要的一部分，是他童年时代的梦想，这也和他走遍全国有密切的关系。

这种坐火车、公共汽车与飞机的旅行经历是使这个9岁的孩子积累经验的一种很好的方法。在乘坐轮船时，保罗会对儿子说："我想让你坐这条船继续前行，并在船上过夜，因为这种船不会存在多久了。我希望你能拥有这种珍贵的体验。"

有时，在业务会议中，保罗让孩子坐在一个远处角落里旁听。他听到了许多他当时不理解的词和术语，但他无疑体会到了会议气氛与商人想出售自己货物时的急切心情。

和创造世界名牌的人

一起放飞梦想

Let the dream fly

鲍勃刚上小学时，一次他在数学的演算中遇到了困难，保罗·高尔文就和他一块坐下。针对这些问题，保罗·高尔文设计出一种竞争的游戏。他们互相对抗，这促使鲍勃把想出解决问题的办法当成一种胜利。

鲍勃上四五年级时，发生过一件让他直到现在仍记忆犹新的事。当时学校分派给鲍勃一个任务，但这个任务对于当时尚且年幼的鲍勃来说是不可能完成的——任务的主要内容是鲍勃必须准备一个关于钢铁行业的报告。

保罗·高尔文开始给他相识的人打电话，直到他找到了一位有百科全书的朋友，并请他在电话中把原文读给自己，保罗·高尔文边听边记。然后他把原文用孩子能理解的语言进行改写，让孩子用这些资料来准备他自己的报告。

保罗·高尔文曾对鲍勃说："要把没有解决的小问题看成大问题。努力去解决它们，使它们永远是小问题。"

保罗·高尔文还和鲍勃一起打高尔夫球，保罗常常打不完一场球，但他依旧会精力旺盛地、专心致志地打球。他到当地的一个职业高尔夫球队中学习，并安排鲍勃也参加学习。他们父子俩都渴望周末的到来，因为那时他们能一起玩。

虽然12岁以下的少年不被允许参加高尔夫球运动，但鲍勃已11岁，而且他们是在早晨天刚亮的时候打球，这时球场几乎是空的，他们认为，这种欺骗不是很严重的违规行为。鲍勃拿上父亲的球杆，打过第一穴，然后打后面的16穴，然后又拿上自己的球杆去打完第18穴。

保罗·高尔文并不在意放慢自己的速度，让儿子跟上来。他尽力打好球，而且毫不客气地打胜比赛，以此激励孩子尽最大的努力。但到1939年，情况就相反了。此时鲍勃在高尔夫球方面已比较熟练，能够打败他父亲，就像过去他父亲经常把他打败那样。当保罗高兴地看到鲍勃已成为好高尔夫球手时，他的体力使不服输的他退居第二位，但他依然积极战斗。

保罗虽竭尽全力，却从未真正成为一名好的高尔夫球手，这成了他一个遗憾。在以后的岁月中，他感情激动地说："我已经尽心做了一切，但我似乎仍不能把我的球技改进到使我满意的地步。"

当鲍勃从乡镇小学毕业时，在父亲保罗的同意下，他进入当地的公立中学学习，这使鲍勃有机会同拥有各种兴趣与信仰的学生进行接触。

在这个时期内，保罗·高尔文常用启发性的语言和方法来激励鲍勃参加他认为对鲍勃有益处的活动。他常说："好，我认为值得。"或是："你应试一下。你思考一下，然后做你要做的。"

保罗·高尔文无法掩饰他对演讲的热情关注。他对鲍勃说："学习怎样演讲——这将对你有很大帮助。"

保罗在公司很少用称赞的语言，同样，他当鲍勃在活动中表现优异时，也没有对他大加赞赏。他平静地称，他们二人都知道该做什么，什么最好。然后他希望鲍勃在学校里能努力而低调。他尽量让孩子独立行事，但他也会在一旁密切关注，看是否有必要向鲍勃提建议或予以帮助。

保罗·高尔文的一位同事说："他的儿子是依照着他的想

法成长起来的。他使这个孩子有了思辨能力，他从来不放纵孩子。"

保罗·高尔文的一位密友说："保罗试图不显露出这个孩子对他是多么重要。但当他同我们谈到鲍勃做得很好的某件事时，一股强烈的自豪感与爱意从他的眼神中流露出来。"

第四节　自然渗透企业常识

> 我要发表这一演讲。如果你能看一遍，让我知道你的意见，我将表示感谢。
>
> ——保罗·高尔文

保罗·高尔文热切地希望他的儿子能够愿意进入商界。早期鲍勃的兴趣并未让保罗觉得他会进入商界，保罗也像所有抱着最大希望的父母一样，曾受到失望的痛苦折磨。他决心不受幻想的诱惑，要耐心等到鲍勃真正选择自己的方向，那时他的设想是否会破灭才能得到证实。尽管他对结果不敢肯定，而且也尽力克制自己，但他已着手为鲍勃负起整个公司的责任做准备。

保罗以极大的耐心与大量的例子来回答儿子所提出的关于企业的各种问题。在晚间的饭桌上，他和儿子讨论当天公司发生的事情。当他准备在某一企业集团发表演讲时，他总是请鲍

勃看一下他拟的草稿。他会说："我要发表这一演讲。如果你能看一遍，让我知道你的意见，我将表示感谢。"他经常采纳鲍勃提出的意见。

期待多年的这一天终于到来了，1940年1月11日，高尔文制造公司在芝加哥的埃杰沃特·比奇饭店召开经销商会议，此时，保罗·高尔文第一次公开地向与会的经销商和少数公司最重要的雇员介绍鲍勃。当时，大家正在庆祝公司成立二十周年和生产汽车收音机十周年。他们整个早晨和下午都在介绍新的生产线，最后才是精致的晚宴。

在这一周之前，保罗·高尔文非常偶然地向鲍勃谈到这件事，说纪念日那天晚上他要把鲍勃介绍给经销商，并告诉鲍勃要"说几句话"对这一介绍表示认可，鲍勃作什么反应由他自己定。

鲍勃此时只有17岁，是一名高中生，一个优秀学生，一名好运动员，一位很有自信心能作即兴演讲的人，但这天晚上对于出售摩托罗拉系列产品的经销商来说，是他的第一次正式露面。

宴会那天晚上，鲍勃坐在讲话人那一桌，在他父亲和埃尔默·韦弗林之间。保罗·高尔文的老朋友们显然看得出他十分紧张，因为这是他为老朋友与常打交道的人们举行的宴会。他思考着介绍他儿子的重要性，他儿子会作出的反应，以及这件事会被大家接受的程度。

当讲话的时刻来临时，保罗·高尔文站起来，看了一下他妻子丽莲所在的地方（她站在有遮帘的房门的后面），开始讲话时，他的声音显然在颤抖。他谈到公司的成立，谈到他们奋斗走过的艰难路程，谈到他们希望达成的目标。他谈到他对约瑟夫和同他一起工作的人的感谢，然后以强烈的、戏剧性的手势，指着他的儿子说："你们中间有人问到我的未来，我愿意向你们介绍我的未来。我要你们见见我儿子。"

保罗·高尔文坐下来，平复一下他激动的情绪，这时，鲍勃站起。当时他讲的话虽然没被记录下来，但他那平静、简要的讲话仍然留在所有听众的记忆中，鲍勃谈到对他父亲异乎寻常的敬重，谈到他以感激的心情从他父亲那里得到的指导与厚爱。当鲍勃讲完时，每个人都站起来鼓掌，会场持续着长时间的、震耳欲聋的掌声。

后来一位当时在场的人回忆会场的情景时说，与会的人都等待着激动人心的时刻，他们对他们都爱戴的保罗·高尔文的任何言辞，都报以热烈的掌声。但鲍勃的表现太让他们出乎意料了，他们万万没有想到这个"准继承者"竟然如此优秀。

对保罗·高尔文来说，这是他一生中的伟大时刻之一，这一时刻可以同他于第一次世界大战结束时欢天喜地地从法国返回美国的时刻相比，可以同他与丽莲结婚以及他们儿子出生的时刻相比，这一时刻让他如此欣喜，又让他如此欣慰。

第五节　鲍勃正式参加公司工作

你要尽力多学，并正确地运用这些知识。

——保罗·高尔文

　　鲍勃·高尔文第一次参加公司工作是在1940年6月18日，17岁的他在位于奥古斯塔大街的工厂仓库上班。上班第一天，他坐在人事部的办公室里，和其他新雇员一起等待召唤。有个工作人员一眼认出了他，请他直接进来，但鲍勃坚持在外面排队。鲍勃·高尔文在仓库的前两周，在聪明而有才能的格斯·彼得斯的教导下，学到许多新知识。等到第三周的星期五，他找机会对彼得斯说，他对那里的业务完全熟悉了，彼得斯应该对他另作安排。

　　无论是出于偶然还是故意，鲍勃·高尔文都会听从上级的安排，不会让彼得斯左右为难。周末过去了，他以为情况会变好，他也能得到妥善安排。但是，他在仓库的时间由几周变成了一个月，然后又变成了两个月。他发现仓库的业务似乎变得越来越复杂。这时鲍勃才意识到，他最初的想法是多么草率。

　　多年后，鲍勃·高尔文将他的这段经历告诉给了那些认为被大材小用而满腹怨言的年轻人。鲍勃不会因为他们希望调动而去阻止他们，而是提醒他们应该明确认识到自己责任的重要性，了解到工作的全部内容。对鲍勃来说，这一经验是一服清醒剂。他在仓库一直工作到夏天结束。秋天，作为圣母大学的一年级新生，鲍勃开始学习商业。到了第二年，即1941年的秋天，随着第二次世界大战参加国的增加，工业生产也在疯狂地扩张。鲍勃又回到高尔文制造公司，在检查部门工作。

到1942年夏，鲍勃最后做出很勉强的决定，虽然他是学校的优秀生，是班上排名前十的好学生，但他决心离开圣母大学，因为他已做好准备去工作，他想更有效地为军事服务。同年秋天，鲍勃又进入麻省理工学院，学习工程技术。一周后，他再次认识到消极地停留在学校是无用的。于是，他又弃学回到家里并报名参加了陆军通讯队训练计划。

1942年的整个夏天，他都住在家里，同时参加在芝加哥闹市区举办的美国陆军通讯队的学习班。

第六节 最悲惨的事件

> 在这些黑暗与冷峻的时期，我们试图互相保护与安慰，在沉默中克制，以避免引起对过去的回忆。
>
> ——保罗·高尔文

1942年10月22日星期四的夜晚，鲍勃从学校返回家中，发

现他妈妈丽莲和年轻女仆埃德娜·西比尔斯基的尸体，她俩是被一个小偷或一帮小偷杀死的，从她们惊恐的表情上看显然是被入室抢劫的行为吓坏了。对这个年轻人来说，这是一次恐怖而且心碎的经历。

当时保罗·高尔文正在从华盛顿到芝加哥的途中，无法及时赶回家。保罗只好派遣在印第安纳州韦恩堡的弗兰克·布拉赫及时赶回，弗兰克和家人于星期五一大早就登上了开往芝加哥的火车。

在保罗·高尔文一生所遭遇的所有悲剧中，他对心爱的妻子遭受残忍的杀害这一事实，是最难以理解和承受的。此外，他对年轻女仆表示沉痛哀悼，这个年轻女孩子才20岁，正准备结婚。

葬礼结束后，他感到自己已不能继续在诺曼底镇这所房子住下去，就同鲍勃一起迁到埃奇沃尔特海滨饭店的一间公寓中。经过一番艰难的挣扎，保罗·高尔文继续担起他在高尔文制造公司应负的责任以及他作为收音机厂家协会主席应尽的义务。他的朋友和同事都感觉到他的沮丧持续了将近一年。

事实上，在那段时间里，保罗·高尔文只做他在企业正常工作中必须做的事情，同时，他减少了除家属以外的一切社会接触。对他来说，失去妻子令他悲痛万分，而面对无法接受这一现实的儿子鲍勃，让他感觉更加沉重和痛苦，因为这一悲剧损害了鲍勃的身心健康。

在杀害事件发生的几个月后，鲍勃就患上了严重的溃疡症，这迫使他不得不接受陆军通讯队的治疗。对父子二人来

和创造世界名牌的人

一起放飞梦想

Let the dream fly

说，这是黑暗与冷峻的时期，是他们试图互相保护与安慰的时候，他们在沉默中克制，以避免引起对过去的回忆。

而当时的美国也正处于危险关头，美国政府正倾其所有，进行拼死斗争。当时的美国正在以武力重新夺回它在珍珠港遭攻击后的几个月里失去的土地，太平洋战场与远东战场是二战中美国士兵流血最多的地方。

在1943年，战争以同样的规模继续进行着，美国靠武力和持久战，一个接一个地夺取了日本占领的岛屿。在日本重兵防守下的塔拉瓦登陆与最后的胜利，使美国损失了一个师。战争中，美国第二海军师近千人战死并有几千人受伤。也许相比于如此众多的家庭所忍受的悲痛，保罗·高尔文更能恰当地估量与接受他自己的损失。

保罗和鲍勃收拾起他们的所有家当，回到在诺曼底镇的房子。保罗·高尔文平静地对他的一位朋友说："我们在这里有许多很美好的回忆，它们比这里最终发生的事情好得多。"

丽莲的妹妹罗斯·斯特姆是一位寡妇，她决定离开自己的公寓。她于第二年搬进诺曼底镇的房子，帮助保罗·高尔文和他的儿子重建一个家。

1943年底至1944年初，作为高尔文制造公司的首脑与收音机厂家协会的主席，保罗·高尔文担负起所有他应担负的繁重任务。

第七节　日趋成熟的鲍勃

> 我所关心的是，你应尽力学习，学得越
> 多越好。这样你就能在决策时，正确地运用
> 这些知识。
>
> ——保罗·高尔文

与此同时，鲍勃·高尔文不断地更换他在工厂中的工作，以便获得更多的经验——从在组装线上钉箱，到消灭生产中的"卡脖子"问题和其他问题。在这一时期里，他也在丹尼尔·诺布尔的实验室的一个角落里，在那里，他在接受无线电与电子学的集中而又紧张的课程培训。

保罗·高尔文对鲍勃说："我所关心的是，你应尽力学习，学得越多越好。这样你就能在决策时，正确地运用这些知识。"

有一位同事向保罗建议：在鲍勃的21岁生日来临前，任命鲍勃为副总经理，保罗·高尔文对这位同事说："我所考虑的不是他的年龄，而是他能否胜任这一职位。"

保罗·高尔文知道，战争过后，公司面临艰难的选择。他认为，公司在1941年至1943年的这段时间，销售额从1700万美元增加到7800万美元，不过这并不能真正反映公司在战后市场

上的潜力。

直到1943年，摩托罗拉无线电设备的生产全部为军用生产。他指出，任何的转轨都可能使销售状况立刻滑落到战前的水平。在之后的两年内，虽然销售额增至6100万美元，但纯收入的相应增加仅为353500美元。保罗对他的一部分管理人员说："这个供不应求和有控制的市场，并不能告诉我们今后要生产何种模式的产品。"

1944年3月7日，47岁的约瑟夫·高尔文去世，使这个家庭又受到一次严重的打击。约瑟夫的去世对他的妻子和三个孩子来说更是悲剧，因为他还是个年轻的丈夫与父亲。保罗·高尔文在妻子死后不到两年又遭遇兄弟约瑟夫去世，他感到这一损失太大了，就像失去了他的某个工厂一样。

此时的保罗忧虑不安，这也许是他有生以来第一次有如此悲惨的感觉。妻子和兄弟的死亡使他强烈地感到自己也难免一死。他害怕这个由约瑟夫和他经过艰苦努力建立起来的公司将不复存在，因为他知道自己是不会长生不老的。

保罗虽然依旧拥有强烈的自信并由此产生些许安慰，但面对经历过的种种事件，他明白任何人在命运面前都是软弱无力的。他开始更强烈地意识到时间的紧迫性，感到自己似乎无法掌握时间，他也因许多想做而尚未做的事情感到不安。他不仅关心企业，也关心家庭。他对鲍勃说："如果我死了，要对我们的各种老关系更加精心维护。"他开始更加严肃认真地考虑如何使鲍勃负起更多的责任。

公司有些人认为鲍勃·高尔文应对他父亲不耐烦时所做出

的某些决定做些纠正。此时有人埋怨保罗·高尔文对任何他决意要做的事情听不进一点儿反对意见。公开议论和非正式讨论的热烈气氛曾是他所赞成的，也曾一直延续下来，但在今天却受到了严格的限制。突然，没有一个管理人员敢于对保罗的意见提出异议，因为他们怕激起他失去理智的怒火。

保罗对一位在开会中打断他讲话的经理生气地说："如果我需要你的意见，我会问你的。"对另外一位反对他的人愤怒地说："我们把你带到这里来不是为了发现你是多么顽固的！"有时他的发怒刺激他做毫无针对性的谴责，他批评过去曾反对他意见的人。在他的最高层人员的一次会议上，他怒气冲冲且不耐烦地说："为什么你们这些家伙自己不认真想想？"

在公司所有人中，在他企业以外的亲密的朋友中，只有鲍勃经常和他有密切的接触，他只允许鲍勃一人有不同的意见，在保罗心目中鲍勃此时的地位远远超过公司。

在一些争论中，父子俩的位置往往颠倒了，父亲对问题的解决显得烦躁而不耐烦，而儿子却表现得更为客观与冷静。但事实经常是，事情的实际发展往往证明保罗·高尔文是对的。

父子之间这种交换意见的过程，这种经过探讨达到和谐与澄清的过程，对他们二人都有利，尤其是对鲍勃。他总是向他父亲表示极高的尊重与爱戴。鲍勃已逐渐清楚地了解到他父亲的能力，以及父亲成功的原因——保罗有一种卓越的洞察力，这使他能在某一时间采取正确的行动，而这并不是上完了世界上所有正规的经营课程就能得到的。

这一时期保罗·高尔文的很多痛苦来自于孤独。除公司和家庭外，他的乐趣很少。丽莲的消失在他的生活中留下了不愉快的空白。

第八节　夕阳是朵娇艳的花

> 弗吉尼亚和他坐在一起，自豪地演奏一首他们二人都喜欢听的乐曲。
>
> ——保罗·高尔文

1944年秋，保罗·高尔文遇到了泰然自若的、可爱的年轻妇女弗吉尼亚·克里奇菲尔德，她在保罗的医务室做秘书。在1944年底至1945年初，保罗·高尔文在拜访这位医生的办公室时，对温柔与幽默的弗吉尼亚产生了好感。

1945年春，保罗开始与弗吉尼亚约会。有一次，他请她去看一场戏剧演出，但忘记了事先通知弗吉尼亚，因而她回绝了他，并表示歉意。一周后，保罗再次发出邀请，并在两周前通知弗吉尼亚，弗吉尼亚接受了。此后他们开始一同就餐，有时去看演出。那年夏天，他开始和弗吉尼亚一起参加保罗公司的活动，例如领班们的宴会或格利俱乐部的音乐会。

在这年夏天的某个夜晚，保罗·高尔文去弗吉尼亚的艺术家姐姐卡罗尔·克里奇菲尔德的家里去拜访她。晚间，他们常一块坐在前廊品茶，而此时是保罗忙碌一天后极为珍贵的平静时刻。这些聚会给他带来许多愉悦，他对弗吉尼亚的爱与日俱增。在这样的一个夜晚，他带着某种羞怯但很热情的语调对她说："我很高兴和你相伴。"

1945年11月21日，在家中一个平静的仪式上，保罗·高尔文和弗吉尼亚·克里奇菲尔德结了婚。一种新的、持久的快乐再次走进保罗的生活。

保罗·高尔文是一个快乐活泼的丈夫，他尽量不让弗吉尼亚有任何烦恼与忧愁。结婚后，保罗依然经常送鲜花给弗吉尼亚。白天上班时，只要得空他便丢下工作，给她打电话聊天。

保罗还常利用自己丰富的想象力编造一些故事，他假装成各种人物，学他们说话，逗得弗吉尼亚哈哈大笑。晚上，他们一块去跳舞，看电影，或去看歌剧，有时也和朋友们一起共度良宵。

那段时间，保罗最欢乐的时光是在家中和弗吉尼亚共同度过的。他经常穿着睡衣、宽松的外袍和拖鞋。只有在星期六下午，他会在电话中同他的经理们讨论昨天他们向他提出的各种建议。即使在电话间隔的时间里，他也会用电子琴放松一下自己。电子琴是他花了很多时间和精力才学会的。这时，保罗和弗吉尼亚坐在一起，自豪地演奏一首他们二人都喜欢听的乐曲。

Motorola

第十一章　**权力转移——紧张的**

　　　　　　　过渡时期

MOTOROLA

Motorola

第一节　副总经理鲍勃

> 我感到没有必要用自己冒失的想法来取
> 代父亲已建设好而且成功运行的公司体系。
>
> ——鲍勃·高尔文

对很多了解保罗的人，以及20世纪40年代末与50年代初和他一起工作的人来说，这段时间是保罗·高尔文权力达到顶峰的时期。诚然，从第二次世界大战结束到朝鲜战争爆发，尽管市场出现过暂时的萎缩，但依然是很繁荣的。

此外，他因拥有一大批工程人员与管理人员而受益，这是一支有特长并能发挥卓越效能的队伍。然而，尽管有这些富有才能的工程人员的帮助，保罗·高尔文也还是对公司这些年间令人难以置信的增长有非凡贡献的人。在这一期间，公司由1942年拥有1500名雇员与3100万美元的销售额，增至1952年的拥有10000名雇员和1.68亿美元的销售额。

1948年11月，保罗·高尔文对于顺利地度过了责任调整与分配的紧张时期而感到非常得意，他任命鲍勃为副总经理，把他安排到与自己相邻的一个办公室，这样他们可以更方便地一起工作。但直到任命的那一刻，保罗依然在毫不放松、决不妥协地工作。当他听到鲍勃做了使他不满意的决定时，他把儿子

召唤到办公室，高傲地对儿子说："你知不知道我要当众宣布你的任命？好了，好了，整个事情作罢了。"他的这种感觉并未持续很久。

对父亲和儿子来说，这一任命都极为重要。这一任命给予鲍勃这样的机会：将自己的想法更直接地引进公司，并付诸实施。可是，当新人试图脱颖而出，达到他自己的目的时，父子俩就难免会有些紧张。幸运的是：在他们共处的岁月里，特别是他们分担那悲剧性的事件（丽莲被害）所造成的巨大痛苦时，父子俩保持克制与互相依赖。除这些品性外，鲍勃还乐于接受他父亲已建立的机制和方法。他感到没有必要用他自己冒失的想法来取代他父亲已建设好的而且成功运行的公司体系。

保罗·高尔文总是不轻易放弃对公司的控制，不会将他认为重要的职责交到别人手中，即使是鲍勃也一样。

有时听到鲍勃在办公室开会，他就走进去，粗鲁地问道："你们在商量什么？"如果会议做出的决定不能让他满意，他就反对说："完全不应该这样！"由于别人沉默不语，或者有时被吓住了不敢说话，鲍勃便开始平静地解释："父亲，在你进来前，我们是这样想的……"然后向保罗·高尔文陈述作出这一决定的一系列理由。后来的大多情况，是保罗被说服了，他也乐于认可他们的见解。

经常有很多课需要鲍勃认真学习。一天早晨，保罗·高尔文把儿子喊进大厅，告诉他一个竞争者正以低于摩托罗拉廉价品的价格——即20美元一台的电视机的价格将产品投放市场。

在竞争较激烈的早期电视机市场，摩托罗拉的电视机产品价格已经做到最低。可是保罗·高尔文却不顾这没有降价余地的生产，问鲍勃摩托罗拉对于市场上这20美元一台的电视机，要采取什么对策，而此时鲍勃等人仍满意于公司产品的质量及利润。鲍勃断然地回答他父亲说，对此没有什么要做的了，因为他们出售的电视机的价格已不能再降低。

保罗·高尔文却说："你去寻求一种让我们的产品能以低于每台20美元的价格出售的方法，然后回来向我报告，否则，我将介入，指点给你看应怎样做。"

在同技术人员与生产人员举行一系列会议的10天后，鲍勃羞怯地向他父亲报告：降价可以实现。父子俩以不同寻常的方式互相补充，经历了一个逐渐演进的过程。但父子之间依然存在着代沟，这是由于经验阅历的不同，而形成了每一代人的特征。

保罗·高尔文永远重视自己早期奋斗的成果，乐于积极发展企业，依赖情感与直觉来指导他的实践，但他更愿意通过试验和已经证明有效的路线来达到目的。鲍勃也感到，公司必须进步，他认为，必须使公司生产多样化，必须让公司有各种不同的新的收益点。

第二节 谨慎扩张

如果我们要做这件事，那就立即去做。

——保罗·高尔文

也许在公司的发展史上，没有比"全力以赴"地经营菲尼克斯半导体业务的决定更能清楚地反映保罗·高尔文与鲍勃·高尔文的人生观一致这一事实的了。

1948年，贝尔实验室宣布研制成一种新型"晶体管"。材料是一小块锗和若干像头发一样细的铅丝，贝尔将它们封闭在一个金属壳中，其大小和一块橡皮差不多，它可以实现和真空管一样的功能。

摩托罗拉最早进入晶体管领域是通过设在菲尼克斯的军事实验室，它以较小的规模发展不多的设计，供公司生产之用。这些设计包括用于军事、通讯、家庭和汽车收音机等产品。这种更可靠的晶体管的应用使这些产品获得巨大的改进。与此同时，许多其他公司也进入晶体管市场，因而展开了大规模的竞争。

到20世纪50年代中期，由于晶体管只在摩托罗拉自己的工厂生产，其生产规模必须扩大，投资也必须随之增加，要不就得放弃在这一行业的竞争。但对摩托罗拉来说，扩大生产计划

的决定是非常重要的，对保罗·高尔文来说，这一行动充满危险因素。在这一特殊的电子领域，保罗从未感到很踏实，尽管他一直以来对丹尼尔·诺布尔和他的工程师们以及鲍勃的判断都给予了极大信任。

保罗·高尔文的反对意见得到一些管理人员强烈支持，因为公司只限于生产机器设备。在晶体管与二极管市场的需求方面，他们一无所知。

保罗·高尔文觉察到，在利润有可能得到兑现之前，这样做会在许多年内大量地耗费掉其他部门的收入。鲍勃受到规模扩张的引诱并得到诺布尔的强烈支持，感觉到除非他们有足够的规模，否则就不能够继续进行研究。如果他们继续限制自己的生产规模，只能供应他们公司的其他部门的需要，他们在竞争市场上就会失去优势。

问题的中心是：摩托罗拉的半导体产品能否满足市场需求？生产半导体产品所获利润能否足以支付研究费用以及其他经营费用？

答案是：如生产规模不加以扩大，那就不能适当地满足旨在使公司在半导体生产技术上居领先地位的工程计划需求。

鲍勃和诺布尔坚持，公司必须为更大的、公司以外的市场服务，以求生存，并在新技术领域取得使自己居于领先地位的技术支持。

问题又出现了：当作为机器设备生产厂商继续发展时，公司能否在元件供应领域也获得成功？诚然，这是互相竞争的领域。摩托罗拉有时会发觉自己已是一家公司的竞争者，但它又

试图通过半导体生产而成为这家公司的元件供应商。

可喜的是，元件用户在寻找新的能更好解决其问题的产品时，顾不得这些利益冲突，都希望能购买到最好的元件。因此摩托罗拉必须建立与每个客户充分尊重、相互信任的关系。

最后公司作出了赞成半导体部门扩张与发展的决定，这是公司的一个重要部门对未来生产方向的一次重要调整。这一切都要归功于保罗·高尔文，虽然在最初时他内心对这一举措是抵制的，但后来他变成这一决策的坚强支持者之一。保罗说："如果我们要做这件事，那就让我们立即去做。"

"立即去做"就是他们很快在亚利桑纳州建造了一个大工厂。经过短短几年奋斗，公司已成为该州最大的工厂和高质量的晶体管、硅二极管和台面形晶体二极管的主要供应商，连同汽车整流器一起，使摩托罗拉的自动发电机（一种供汽车用的AC型的发电机）成为摩托罗拉公司新的大规模生产项目。

工程技术人员、研究专家和管理人员组成的卓越团队为摩托罗拉进入固态生产过程控制与集成电路领域铺平了道路。后者的产品使晶体管的发展变成针头状的晶片，其中包含完整的电子线路。

第三节　公司顺利改组

这标志着一个熟悉的时代结束了。

——保罗·高尔文

　　到20世纪50年代中期，摩托罗拉公司规模已十分庞大，保罗父子无暇事事亲力亲为。保罗·高尔文明白解决这一问题已迫在眉睫，他开始同鲍勃讨论这一话题。他俩最终研讨出来的公司组织模式是按照产品体系来改组整个公司。

　　重组后的公司每一个分部都有自己的工程技术、采购、制造与销售部门。而在当时公司里已有部门提前实施这一方案，现在，他们决定在全公司范围内推广，使其成为政策与模式。每一分部都建立自己的利润中心。由埃尔默·韦弗林来主管与汽车有关的产品部门，由埃德·泰勒来主管消费品部门，1956年，有实际经验的经理特德·赫克斯参与领导这两个部门。丹尼尔·诺布尔领导通讯、半导体与军事产品部门。此时，保罗·高尔文有意识地放松了自己对公司的控制。

　　1956年11月，保罗·高尔文和他的董事会任命鲍勃·高尔文为摩托罗拉公司总经理。他们还分别任命了每个部门的经理为公司的副总经理。以鲍勃为中心的公司强有力的管理团队包括一些有经验的管理人员，如财务负责人埃德·范德威肯和生产负责人沃尔特·斯科特等。

保罗·高尔文将自己任命为董事长和总裁。他认为，公司在发展中所产生的问题不再能由他的个人直觉来解决。但他还不打算退休。

马特·希基有一次问他："能想象有一天你将退休吗？"保罗·高尔文答道："我决不退休！"

虽然将更多的权力让给儿子以及同事们是一个他期待已久的梦，可是当这个梦真正实现时，保罗·高尔文有一种失落的感觉。这标志着他所熟悉的一个时代结束了——那时，他能清楚地了解构成公司整体的所有部分；那时，一个决定之所以能够做出，是由于他"有一种预感"；那时，汽车收音机的新产品的基本设计可以在一夜之间由韦弗林和他本人确定，二人草拟底稿，涂写在餐馆的桌布上。这些他亲身参与的喜悦日子将一去不复返。

保罗·高尔文亲自看到了公司的变化。他开始理解一个大公司行政首脑面临的孤独感，不管他是否愿意，现在下属们提给他的问题大部分减少到只需说一个字："是"或"不"。可是，做这些决定正是一种可怕的负担。

但是现在对他来说，他没有时间去仔细地研究所有的问题。因为在他的几千雇员心中，他已变成了失去人性的"老板"，他再也不能像从前那样真正了解他们了。如果他们现在成了企业的股东，那么，他们和保罗之间就有了一道墙，一道不能被打破的墙，他就在这道墙后面孤独地坐着。

和创造世界名牌的人

一起放飞梦想

Let the dream fly

第四节　生命的脚步太匆匆

> 我身体的一部分要服从上帝的意志，但我身体的另一部分不肯放弃希望，如果我能更坚强地战斗，我会好起来。
>
> ——保罗·高尔文

保罗·高尔文一直都不是个身体特别强壮的人。可是，他结实的身躯和元气十足的声音却给人一种假象，而实际情况是，他一生中的大部分时间，尤其是在20世纪50年代中期，他都在与病魔对抗。他消化不良，有严重的胆囊炎。他屡次患病背痛，有几个时期他甚至需要在腰上绑支撑物。他的手腕部有严重的关节炎，脚部有时还有刺痛感。

保罗曾找过许多医生，希望从这些病痛中解脱出来。当他可以充分休息时，他就去做健康检查。每次检查后，他得到的总是患病的通知，但他多次治疗却并无好转。从他和他的秘书让·诺林的一段谈话中，我们可以看出他对自己处境的辛辣讽刺，他说："当一个人到马约（美国一位知名外科医生）那里去的时候，身体很好——但回来后的情况如何呢？"

1958年5月，保罗·高尔文和弗吉尼亚由他们的好友文森特·西尔一家人陪伴，到西弗吉尼亚白硫磺泉的格林布里尔饭店去参观。弗吉尼亚发现保罗的臂膀上长有使他痛苦的黑色和蓝色斑点，弗吉尼亚根据自己的医学常识，很慎重地告诉他，这可能是白血病的征兆。他们在西弗吉尼亚州格林布里尔饭店诊疗所做了个简单诊断，保罗被检查出患有轻度的贫血症并且严重缺铁，他还被查出一个待进一步查证的病症：他可能患有白血病。

1958年6月，保罗·高尔文患有严重的呼吸道传染病，呼吸困难。他进入埃文斯顿医院，由验血员进行了一系列血液检验，结果证实了格林布里尔专家的怀疑。他被告知患有白血病，但他发现得早，很有被治愈的希望。保罗对一位好友说："我得了这种血液毛病，我要同它斗争。"

他开始进行一系列的治疗，在短期内产生了一定的疗效，这使他稍有振作。医生告诉他一些改善他血液状况的办法，并建议他积极配合治疗。他虽然配合治疗，不过病情反反复复，可这种结果似乎没有使他灰心。他依然能对这一情况说俏皮话："他们不能说保罗·高尔文对医学没有做出一点贡献。"

到了1958年的圣诞节，保罗·高尔文病情越来越严重，体重骤然减轻。他回到医院，一直住到1959年3月初。出院后他急于回到菲尼克斯，他认为，换个环境也许会对病情有利。

妻子弗吉尼亚考虑继续让医生们给他看病，但是她遵从他的意愿，决定不再进行痛苦的治疗了。在菲尼克斯，他玩扑克，休息，打高尔夫球，但每周要到医院去输一次血。

1959年4月初，他们返回芝加哥，保罗又住进了医院，休息到5月他最后一次主持股东会议。会上，鲍勃代表董事会赠给他银杯，以表彰他对公司30年来做出的贡献。保罗·高尔文用明显颤抖的声音告诉与会者，他相信公司在下一个30年一定比他经历的这30年有更大的成就。

之后，保罗·高尔文的身体似乎有过短暂好转，但接着又进入危险期，此时，他被病魔折磨得非常虚弱。他因失眠而烦恼，夜间他无休止地在诺曼底镇的房子里漫步。当他刚要入睡时，因为奇怪的腿部肌肉痉挛，不得不醒来。

就在这时，他的思想也发生了变化。在长达几个月与病魔的抗争中，他慢慢建立起一个老战士的斗争精神，他热烈地盼望胜利，他是如此坚定，以至于拒绝承认康复的希望很渺茫。

他平静地对一位朋友说："我身体的一部分要服从上帝的意志，但我身体的另一部分不肯放弃希望，如果我能更坚强地战斗，我会好起来。"

他强烈的求生欲望为他争取到了更多时间。1959年7月1日他最后一次出席了在德拉克旅社举行的经销商会议，他同许多他喜欢的人见面，同他长期以来熟识的朋友们再次聚到一起。

保罗·高尔文这一天的活动，以及他对他们所做的、有自信心的、强有力的谈话，没有显露出他病情的严重。活动一结束，他就回到守在他身边的弗吉尼亚那里。保罗·高尔文说："我现在感到困倦，我想我们最好回家。"

这年夏天，鲍勃和他的家人迁到他们在伊利诺伊州巴林顿附近乡下的新居。他们举行了乔迁新居的宴会，请了很多公司的管理人员出席。保罗·高尔文也坚持要参加。那天下雨，不久，又放晴，在一个明朗的、可爱的夏夜，一轮明月冉冉升起。保罗坐在游泳池旁边的一把椅子上。他涌起思乡的情绪，亲切地同一伙坐在他周围的人谈旧日的往事。

夜深了，他渐渐平静下来，但他又以一种似乎超乎寻常的热情观察每一个人。当弗吉尼亚建议他应该回去休息时，他同意了，他边走边回头看。当他们要上路时，他停在小山顶，站着向下看了一会儿忙碌的人们，仿佛他知道这是自己和他们的最后一次聚会。

9月6日，当他很爱戴的弗吉尼亚的父母亲庆祝他们结婚50周年时，保罗·高尔文要为他们安排一个大型的聚会。弗吉尼亚和鲍勃表示反对，因为他们担心他的身体状况，但他执意要举办聚会。聚会那天，他似乎耗尽了所有力量，他放声大笑，同以往一样大声说话。当最后的客人离去时，他对弗吉尼立的关怀指责说："错过了那么多乐趣，你不会感到遗憾吗？"

此后，他的病迅速恶化。他的脚趾呈黑蓝色，他的腿部变色部分日益扩大。他每次试图用他肿胀的脚走路时，都痛得尖声喊叫。很快，他又回到医院进行第二次输血。

鲍勃准备带上他的儿子克里斯（保罗的长孙），让他的祖父看看他的成绩单。保罗·高尔文反对说，他自己现在的状况会使孩子感到沮丧，不应来看他。但是鲍勃坚持说，对克里斯来说，这将成为自豪的时刻、终生难忘的时刻。在这一时刻，他会感到欢乐，因为他成绩单上的成绩十分喜人。

保罗·高尔文终于同意见他的孙子了。于是，克里斯被叫进来。虽然最后一次见面的真意这位年轻人并不知道，但显然保罗·高尔文和鲍勃是清楚的。保罗在看到孩子时，非常激动，克里斯的存在标志着高尔文家族后继有人。

到医院后，保罗开始发高烧，烧退后他感觉好一点。护士们在嘀咕："他会怎样坚持下去呢？"某种奇怪的和永不停止的精神活动使他萌发出违背一切常理的想法，他认为他能战胜疾病。可是，医生知道他不能。保罗的妹妹海伦和弟弟雷蒙德·高尔文从哈佛镇赶来，在医院同弗吉尼亚一起昼夜陪床。鲍勃每天在办公室和医院间往返数次。

大多数摩托罗拉公司里的员工没有觉察到保罗正濒临死亡这一事实。保罗认为，他现在看上去骨瘦如柴，满脸病容，他不愿意公司的人在这个时候来看他。而今他的家人们也能感觉到他的意志在一点点瓦解。

他告诉弗吉尼亚："我昨晚睡得很好。"

她回答说："那很不错。"然后努力安慰他说："你今天早晨看上去好多了。"

保罗·高尔文说："医生也高兴，我猜我会有好转。"

他的精神和求生欲望感染了他们，因而，即使他们很悲伤，他们也极力营造活泼的、快乐的氛围来帮助他增强战胜疾病的决心。

但是，当鲍勃独自一人和他父亲在病房时，一时的悲伤与失落感席卷了他。他对父亲说："我要你知道，我爱你。""我知道。"保罗平静地回答。

1959年11月5日，弗吉尼亚、鲍勃、海伦和雷蒙德集合在保罗·高尔文的床边，此时，马特·希基和查利·格林也在旁边等候。保罗·高尔文已昏迷了几个小时，他看起来似乎不会再清醒。接着，他的头轻微地摇动一下，并用眼神表示他知道他们现在在这里。当牧师为死者念祈祷文时，一群修女背诵她们的玫瑰经，他死了！

在保罗·高尔文葬礼举行后的第二天，鲍勃在芝加哥总部召开他的经理人会议。他说：

"在过去的18个月内，我有胜过你们的优势。但这种我珍爱的优势现在没有了。虽然我不愿意相信，不过对我来说，从第一次带他去诊治我就料到了今天的结果。在这过去的18个月里，当我越来越少地听到他来到这个大厅的脚步声和他说话的声音时，我就知道，对我来说，他已不再在那个角落里的办公室办公了。我逐渐开始去寻找新的力量与信赖的源泉。这时我看到你们。我已经找到了一个已取得成功、已经成熟和已通过考验的组织。

"但是，当这场戏演下去的时候，一场更大的戏曾在那角落里的办公室内上演——这场以一种很特殊的方式上演的戏，也许是我父亲在人间和天堂获得他的报酬的唯一方法。这位60多岁的人已经取得这么多成就，做了那么多好事，你们不是曾想知道他心里是怎么想的吗？

"也许你们可以想象着，我的父亲从去年5月到这个星期四的下午一直身体健康，而后他突然从我们中被夺走了。他曾经同我们一起，积极地、精湛地工作，他自己做了大量的事情。我们是否理解他，就如同过去他理解我们那样？无奈天意迫使他一度离开了我们许多个月。而后他的健康状况改善了。

他曾于今年夏天回到我们中间，用他好询问的方法，来打探公司的实情。

"仅仅几周前，我还注意到我父亲新的反应。他探问这，探问那，探问每一个地方，然后不断地对我说：'你知道，现在我们真的似乎已稳住了我们的公司''这家伙的确成长起来了，已经担负起他的责任''虽然这项特殊的活动进行得不怎么顺利，不过我看人们会知道怎样继续下去'。他考察了一个又一个部门，一种又一种职能。

"你们给予了他最大的最现实的礼物：为他工作得很好，并向他证明，你们是喜欢这份工作的。为此，我永远感激你们。我相信，我父亲死时想的是：我们已为工作准备就绪。

"先生们，我知道我们是这样的。"

第五节　真正伟大的企业家

把更多的精力放在应该放的地方，放在对家庭的爱上、对朋友的情谊上，以及对每天一起工作的人们的尊敬上。

——保罗·高尔文

激情与梦想的融合使保罗·高尔文成为一个几乎和所有人都不同的人。他亲身经历了事业的起伏。在这种起伏中，他生活着，并每天向每一个人学习着。

他不是一个巨人，没有杰斐逊或林肯那样伟大的业绩，也没有爱迪生或马可尼那样的发明天才。他在人世间64年的经历算不上轰动，作为一个小镇上的孩子，他能经受挫折与多次失败，建立起一个大公司。虽然这一成功不能只归功于他一个人，但他的生命价值已经得到完美体现。

保罗·高尔文年轻时，也像许多人一样，追求财富与权力。在他步入中年后，把更多的精力放在他对家庭的爱上，对朋友的情谊上，以及每天同他一起工作的人们的尊敬上。他谈论这些时，把它们看成是唯一有永恒意义的事情。

他以某种奇怪的表达方式影响着人们，触动了许多人的心弦。如今在公司所有的会议与集会上，到处活跃着这样的人，他们知道保罗·高尔文，记得他是什么样的人，当被问到一些问题时，他们有时声音很响亮，有时会默默对自己发问："保罗·高尔文是怎样做的？""假如保罗·高尔文在这里会做些什么？""这样能使保罗·高尔文高兴吗？"

直到现场，在公司的建筑物上，仍挂着保罗·高尔文的照片。员工们经常提到一个词——"高尔文风格"，就是指那些使人们内心向往的小而特别的事情，也提醒人们严谨认真地行事。

马特·希基在谈到他的朋友保罗·高尔文时曾说过一番动人的话。希基说："我不知道，还有什么人能像他那样朴实，那样非同寻常，那样灿烂辉煌。我不知道还有什么人像他那样。"

最能概括保罗·高尔文生命精髓的莫过于1953年他自己在洛约拉大学毕业典礼上，在毕业生面前讲的一番话："不要害怕错误，智慧往往是从这类错误中诞生的。你们将经受失败。此刻就下决心去征服失败，放手去干吧！"